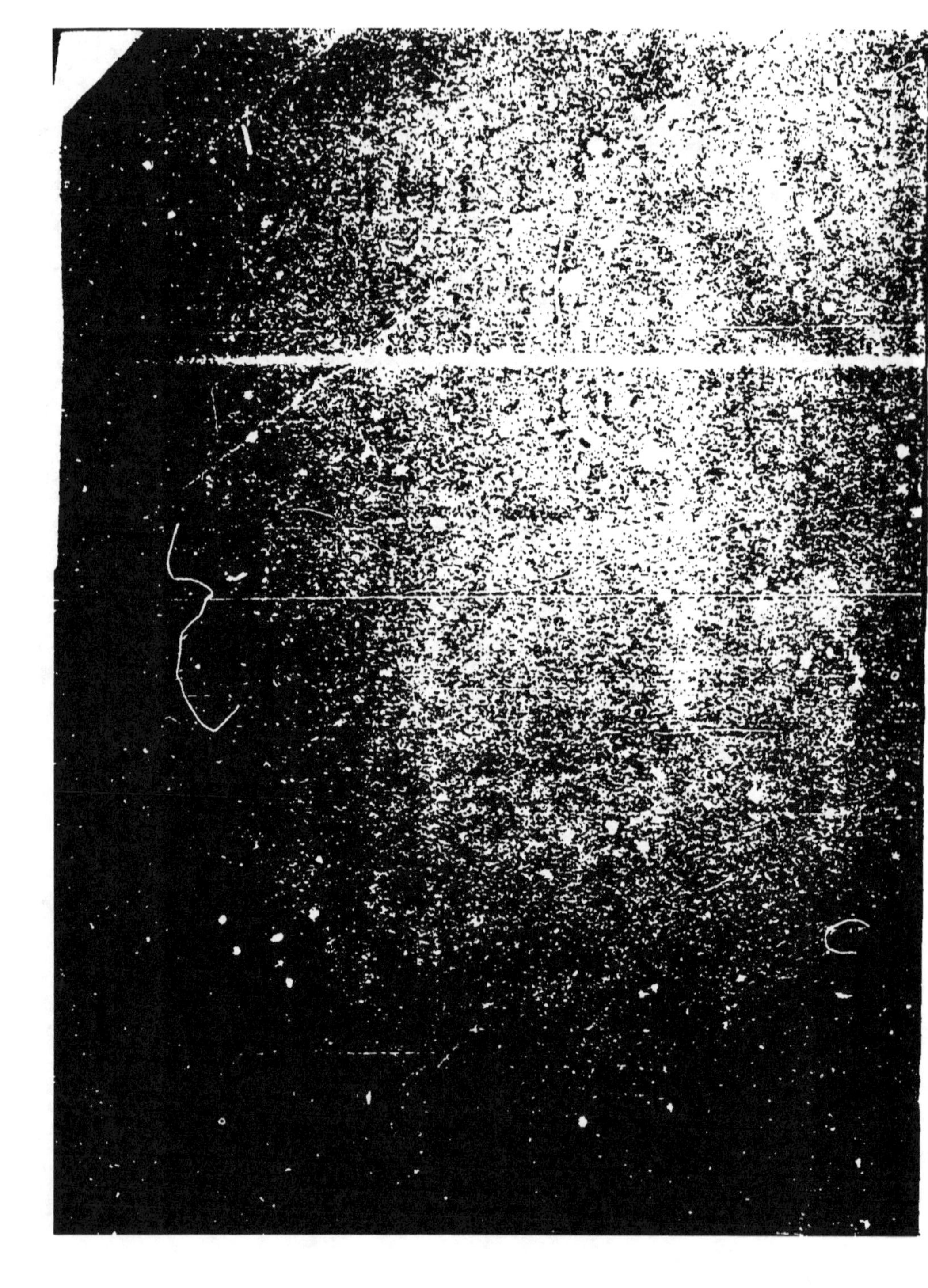

LA

RÉPUBLIQUE DE LIBÉRIA

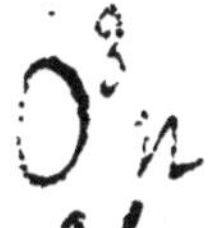

Paris. — Alcan-Lévy, imp. breveté, 24, rue Chauchat.

LA

RÉPUBLIQUE
DE LIBÉRIA

PAR

LE R. P. PIERRE BOURZEIX

MISSIONNAIRE APOSTOLIQUE DE LA CONGRÉGATION DU SAINT-ESPRIT
ET DU SAINT-CŒUR-DE-MARIE

PARIS
TYPOGRAPHIE DE LA *REVUE DIPLOMATIQUE*

1887

PRÉFACE DES ÉDITEURS

Fidèle à ses origines, la *Revue diplomatique* n'a cessé d'appeler l'attention de ses lecteurs sur les contrées peu connues encore où, sans sacrifier ni sang ni larmes, la France peut espérer les conquêtes pacifiques pour lesquelles son génie national l'a préparée.

Nous signalions récemment encore un champ assez vaste pour mériter une sérieuse étude sur le territoire de la République de Libéria, fondée en 1821 par une société d'abolitionnistes des Etats-Unis de l'Amérique du Nord, dans le but humanitaire d'empêcher le commerce des esclaves et de civiliser peu à peu les côtes africaines. Cette colonie importante a pris depuis peu une extension considérable.

Sa population, qui n'était que de 8,000 âmes à sa fondation, était de 80,000 en 1848, et atteint aujourd'hui environ 1,700,000 habitants. On jugera par ces chiffres, qui se passent de commentaires, de l'avenir qui est réservé à cet État, et de l'intérêt que nous avons de prendre promptement une place sur ce marché africain, excellent débouché pour notre commerce, où il s'est laissé devancer par les Anglais, les Allemands et les Belges qui y ont des comptoirs importants, desservis par trois lignes de bateaux à vapeur de ces nationalités ; grâce à ces communications le chiffre des importations et des exportations ne peut qu'augmenter chaque jour davantage. Aussi les principaux États de l'Europe, la France exceptée, sont-ils déjà représentés à Monrovia par des consuls et des agents consulaires.

Les progrès vraiment prodigieux accomplis par cette jeune République de l'Afrique occidentale, sont dus en grande partie aux efforts de son Président, l'honorable Élie Johnson, ce fils du pays, *son of the land*, comme on se plaît à l'appeler. Sous sa sage administration, le commerce de Libéria a plus que triplé : l'organisation de la douane, la perception des impôts, l'exercice des droits individuels, le respect des opinions et des croyances, le développement de l'instruction par la création de nombreuses écoles, l'extension du corps diplomatique et consulaire, toutes les conditions fondamentales qui concourent à l'indépendance de l'homme, à la dignité des sociétés et à la sécurité des nations est déjà dans la République de Libéria une réalité pratique qui, comme on le voit, est entrée résolument dans la voie de la Liberté et du Progrès.

Une circonstance heureuse nous a procuré la bonne fortune de prendre communication d'un manuscrit rédigé par le Révérend Père Bourzeix, de la Congrégation des Pères du Saint-Esprit, à Paris, qui, peu à peu, importent la civilisation européenne au milieu de ces populations primitives de l'Afrique centrale. Nous avons été frappés des renseignements précieux contenus dans ces pages, fruit d'un séjour de trois années dans l'État de Libéria. Nous avons sollicité du Rév. Père Supérieur Général l'autorisation de les livrer à la publicité, convaincus que jusqu'à présent aucun travail aussi complet n'a été publié sur un pays presque inconnu en France.

Nous avons scrupuleusement respecté le texte de l'auteur, mais nous devons faire ici une déclaration. Nous sommes heureux de présenter au lecteur, en complète solidarité avec l'auteur distingué de ces pages, le tableau des richesses de ce pays si peu connu de nos compatriotes et des débouchés qu'il offre à notre commerce, et notre but sera atteint si entre la République française et la jeune République africaine peut naître un courant de relations fructueuses pour les deux pays ; mais nos intentions s'arrêtent là et nous n'avons pas à suivre le Missionnaire sur un autre terrain. Nous lui laissons donc, sans les discuter, l'entière responsabilité de ses appréciations morales et religieuses, car nous estimons que notre premier devoir est de témoigner à l'étranger de notre haute estime pour des dévouements aussi utiles à la France que ceux des Pères de la Congrégation du Saint-Esprit et du Saint-Cœur de Marie, en Afrique.

Di Liveri.
Jéramec.
Meulemans.

PRÉFACE

En composant cette modeste monographie, je n'avais d'autre but que de répondre à un désir qui m'était exprimé de France par une personne à laquelle, après Dieu, je suis redevable de ma sainte vocation et qui m'avait demandé ce travail. C'était un bon moyen de me renseigner exactement sur le lieu où j'exerce l'apostolat et de consigner ces mêmes renseignements, afin qu'ils pussent être utiles à ceux qui viendront après moi.

Je n'aurais jamais eu la prétention de livrer ces recherches à la publicité, si des circonstances particulières ne m'avaient décidé à le faire.

Notre Très Révérend Père Général, dont tout le monde connaît et apprécie, avec le zèle éclairé, la sagesse et la prudence, s'est trouvé en relation avec M. le marquis de Liveri, qui a pris à cœur de travailler lui-même à la civilisation de la contrée que nous habitons. Il m'a chargé de donner à cet honorable voyageur des détails sur le pays d'où la maladie seule avait pu m'éloigner. Je lui ai communiqué mes notes et c'est sur ses instances et celles de deux hommes également distingués, MM. Meulemans, directeur, et Jéramec, rédacteur de la *Revue diplomatique*, que le T. R. Père m'a engagé à publier ces pages.

Je le fais d'autant plus volontiers que je sais que cette histoire, étant la première qui paraisse sur cette République, du moins en France, est attendue du peuple de Libéria et qu'elle y sera accueillie avec faveur, malgré ses imperfections. Je ne me fais pas, en effet, illusion sur sa valeur. Je l'ai écrite aux rares heures de loisir que me laissait le temps que je devais consacrer à apprendre la langue anglaise et celle des indigènes, et à remplir auprès de tous le ministère qu'on m'avait confié. Je ne saurais mentionner ici tous les documents que j'ai compulsés pour la composer, mais je tiens à signaler l'*African Repositorey* et la vie d'Ashmun, par le Rév. Gurley, et quelques opuscules dus à l'habile plume du Dr Blyden, œuvres diverses que j'ai dues, en grande partie, à la bienveillance de M. le maire de Monrovia et du président du collège de la Cité. Je suis également sûr de l'exactitude de tout ce que j'avance dans mon récit, ce qui ne m'empêchera pas de recevoir avec reconnaissance toutes les remarques qu'on pourrait faire sur ce travail.

Je tiens à déclarer qu'en le publiant, je n'ai que le désir de faire du bien, et que je regretterais le moindre mot qui pût faire de la peine à qui que ce soit. On ne peut vouloir que j'exalte ce que l'Eglise condamne, mais cette même Eglise dont je suis le ministre, quoiqu'indigne, a autant d'attentions pour les hommes, qu'Elle a d'anathèmes pour les doctrines.

Je suis donc l'ami de tous et je ne combats que l'erreur. J'aurais été heureux de constater le bien partout où je l'aurais trouvé ; et mon plus grand désir est de faire comprendre que c'est uniquement par l'Eglise catholique que la civilisation véritable a chance de s'établir sur le territoire africain. J'ai confiance dans le concours que nous apportera la Société commerciale, dont l'honorable marquis de Liveri est un des fondateurs, dans celui des administrateurs de la *Revue diplomatique*, qui prennent à leurs frais cette publication, dans les bonnes dispositions et les désirs du bien qui animent les premiers magistrats de la République libérienne. Et nous comptons sur eux pour multiplier les écoles, établir des hôpitaux, des pharmacies, et différentes autres œuvres laborieuses et moralisatrices, sous la direction de nos confrères, et avec l'aide de nos Frères et des Religieuses de la Congrégation de Saint-Joseph de Cluny, qui font déjà tant de bien à Sierra-Leone. Plaise à Dieu que ces espérances se réalisent, et que ce peuple libérien, ces peuples qui l'avoisinent et que je porte dans mon cœur d'apôtre, comprennent de plus en plus combien il est bon d'appartenir à Notre Seigneur Jésus-Christ!

SOMMAIRE

Ce travail est divisé en trois parties :

1° Aperçu de l'histoire politique de Libéria, depuis son origine jusqu'a la déclaration de son indépendance, et depuis son indépendance jusqu'a nos jours (décembre 1885);

2° Aperçu de l'état économique de Libéria;

3° Aperçu de la situation morale de Libéria.

LA

RÉPUBLIQUE DE LIBÉRIA

PREMIÈRE PARTIE

APERÇU HISTORIQUE SUR LIBERIA DEPUIS SON ORIGINE JUSQU'A NOS JOURS

TRAITE DES ESCLAVES SUR LA CÔTE DE GUINÉE; LEUR MISÉRABLE SITUATION EN AMÉRIQUE ET LEUR ÉMANCIPATION (1517-1816).

Préliminaires. — La partie de la côte occidentale d'Afrique, occupée aujourd'hui par la République de Libéria, comprend toute la première division de la Guinée supérieure, c'est-à-dire la Côte des Graines, et un petit coin de la Côte d'Ivoire (ou des Dents) ; ce qui fait une étendue de plus de 710 kilomètres, depuis la pointe Manna (14°50 long. Ouest de Paris), jusqu'aux bouches de San Pedro (9° long. O. de Paris), et une superficie de 37,200 kilomètres carrés.

D'après un fragment de la littérature carthaginoise, cette partie du mystérieux continent aurait été visitée par des Européens 500 ans déjà avant Notre Seigneur. D'où l'on peut conclure que, depuis plus de 2,000 ans, la Guinée a été connue des anciens.

Cependant, dans l'histoire moderne, les Portugais et les Français se disputent l'honneur de la priorité de sa découverte. D'après Willault de Bellefond et Roblé, des marchands de Dieppe ont, dès l'année 1346, établi des comptoirs à Sierra-Leone, au cap Mount, à la rivière de Sinou et à Elmina. Les Portugais eux-mêmes, qui visitèrent la Guinée 70 ans plus tard (1415), ont donné, dit-on, le nom de Mesurado ou Montserrado au cap sur lequel s'élève actuellement la ville de Monrovia, capitale de Libéria, parce que des Français y avaient été autrefois massacrés, en criant « Miséricorde ! »

Quoi qu'il en soit, ces premiers établissements français ou portugais, échelonnés le long de la côte de la Guinée, dès le XIVᵉ ou le XVᵉ siècle, n'avaient d'autre but que celui d'un commerce légitime. Hélas! fallait-il que la découverte du Nouveau-Monde (1492), qui est une des plus grandes gloires de la religion catholique, devînt une cause de ruine et de désolation, par suite de l'établissement dans ce pays, et sous les formes les plus horribles, de l'esclavage qui, dans des contrées voisines, avait déjà comme reçu le coup de mort par le catholicisme! Qui ne sait, en effet, que les Espagnols, aveuglés par la cupidité et la convoitise, firent périr, durant les 15 premières années qui suivirent la découverte de l'Amérique, plus de 1.600.000 Indiens à l'exploitation des mines d'or, et que, cinq ans plus tard, à peine en restait-il quelques milliers! Qui ne sait encore que Christophe Colomb lui-même fut précisément été dans les fers par ses compatriotes de peur qu'il ne leur reprochât leur cruauté! Et combien de prêtres et de missionnaires ont été, alors, victimes de leur zèle et de leur dévouement pour la cause de l'humanité, lorsque, comme ministres de Dieu et de la religion catholique, ils osaient élever la voix contre l'inhumanité des blancs dans les Indes occidentales? Et que dire maintenant de ces soi-disan chrétiens, qui, de nos jours, ne rougissent pas d'attribue au pape Alexandre VI et à ses cinq successeurs sur la chaire de Pierre la renaissance de l'esclavage au moyen âge ?

Mais quelle est donc, ici, la vraie origine de l'esclavage ? D'une part, l'or que recélaient les mines de Potosi, de Quito et des vastes terres de Cuba ne pouvait pas rester enfoui; d'autre part, les Européens qui avaient émigré en Amérique pour échapper aux désastres de nos malheureuses guerres de religion avaient besoin de robustes travailleurs pour la culture de la canne à sucre et du café. Où les trouver ? Les quelques Indiens qui survivaient étaient devenus indomptables. Mais, sur les côtes d'un autre continent, existait une autre race d'hommes forts, vigoureux et faits, en quelque sorte, pour ce genre de travaux. Aussi, dès l'an 1517, et pendant plus de trois siècles, y eut-il, chaque année, plus de 10 à 12.000 nègres enlevés de force des différents points de la côte de Guinée et transportés comme esclaves en Amérique. On a évalué à 8 millions les nègres ainsi transportés aux Indes occidentales et dans les Etats-Unis, et à 10 millions ceux qui furent envoyés dans l'Amérique du Sud. En Afrique même, leur pays natal, deux millions de noirs ont été faits esclaves. — Telle est la statistique donnée par les historiens qui ont écrit sur l'Afrique et sur l'esclavage.

D'après ce calcul, la Grande-Bretagne et les Etats-Unis ont asservi 5 millions de nègres, la France 2 millions, la Hollande et autres nations un million, l'Espagne 12 millions. Le prix d'achat d'un esclave étant alors d'environ 750 fr., 15 milliards auraient ainsi été employés à cet odieux trafic de chair humaine, au sein de l'infortunée race de Cham !

Maintenant, quel fut, pendant cette longue période d'années, le sort de l'esclave africain, sur les terres du Nouveau-Monde? Rien moins que celui d'une bête de somme! L'exploiteur de mines ou le planteur ne s'en occupait, en effet, que pour le maltraiter; c'était son bien et sa propriété, et, en conséquence, il pouvait, à son gré, l'échanger, le vendre, le louer, l'hypothéquer, l'emmagasiner, l'inventorier, le jouer sur le tapis vert, etc., etc. Bien plus, le maître ordonnait-il un crime quelconque, l'esclave devait, bon gré mal gré, servir d'instrument à l'assouvissement de ses passions, si inhumaines et brutales qu'elles fussent.

Qui eût pu remédier efficacement à tant de maux ? La religion catholique et romaine, et elle seulement. N'est-ce pas elle, en effet, qui a combattu et fait disparaître l'esclavage des temps antiques? N'est-ce pas elle qui a reçu de Dieu la sublime mission d'établir la fraternité universelle entre tous les peuples, et cela jusqu'à la consommation des siècles ?

Mais, au temps dont nous parlons, quelle influence pouvait-elle exercer dans les colonies espagnoles, alors que ses ministres, fidèles à leur mission de prêcher la vraie liberté et la véritable égalité, étaient dénoncés au gouvernement de la mère-patrie comme des perturbateurs de l'ordre public, emprisonnés, et souvent même condamnés à payer de leur sang leur dévouement à la liberté des noirs esclaves ?

Dans les colonies anglaises, que pouvait-elle, notre sainte religion, pour le soulagement et l'affranchissement de ces êtres malheureux? Non seulement les catholiques étaient empêchés d'exercer le culte public de leur religion, mais ils se voyaient contraints à payer un impôt pour subventionner les ministres protestants. pendant qu'eux-mêmes étaient exclus de l'enseignement dans n'importe quelle école, et privés même de tout emploi civil. Telle était en particulier la persécution exercée par les Anglais protestants en Amérique, et notamment dans le Maryland, sur cette terre même où, en 1649, les catholiques, encore influents dans le gouvernement du pays, avaient les premiers, dans le Nouveau-Monde, proclamé le libre exercice de tous les cultes. Dans l'Etat de New-York, la haine du catholicisme était arrivée à ce point, qu'en 1741 un laïque, du nom de Jean Ury, fut, en plein jour et publiquement, assassiné, pour ce seul crime de passer pour prêtre.

Bientôt, néanmoins, avec les premiers frémissements de l'indépendance politique des Etats-Unis, sonna la première heure de la liberté religieuse, et, comme conséquence, de l'émancipation des esclaves africains. Grâce à l'intervention du premier préfet apostolique des Etats-Unis, Mgr Carroll, auprès du fameux général Washington (1784-1790), le point fondamental de la nouvelle constitution des Etats de l'Union fut celui-ci : « Le Congrès ne fera aucune loi tendant à restreindre le libre exercice des cultes religieux. » Depuis lors, en effet, la religion catholique a pris son libre essor dans les Etats-Unis. Et, à mesure que son influence s'y est étendue par l'établissement de ses écoles et de ses universités, on a vu un esprit plus humain et des mœurs plus douces y régler les rapports des maîtres avec leurs esclaves. Par sa doctrine divine, qui proclame tous les hommes frères et égaux devant Dieu, elle devint le grand et ferme appui des abolitionnistes qui affirmaient, contre les esclavagistes, l'unité de l'espèce humaine, et partant l'égalité de tous les hommes, sans distinction de race ni de couleur. Les premiers travaillèrent donc de toute leur force à l'émancipation et au relèvement moral de la race noire.

Pendant que ce mouvement des abolitionnistes commençait à se manifester dans l'Université de Cambridge (1787), avait lieu la fondation de la colonie de Sierra-Leone, au moyen de nègres affranchis, qui avaient embrassé la cause de l'Angleterre en Amérique et qui, ramenés en Europe à la suite de l'armée anglaise, après la reconnaissance de l'indépendance des colonies américaines, vivaient à Londres dans la plus profonde misère. Touché de ce pitoyable état, un comité africain décida leur transport sur un coin de la côte occidentale d'Afrique ; et ce fut ainsi qu'ils jetèrent les fondements de la ville de Freetown. Ce fut, de la part de l'Angleterre, un bel acte de réparation. Car, en 1563, la reine Elisabeth n'avait pas rougi de sanctionner, de sa haute autorité, la traite des esclaves, et de donner deux navires à un de ses sujets, nommé Jean Hawkins, pour le récompenser d'avoir, le premier, inauguré cet horrible marché de chair humaine, en enlevant de force, à Sierra-Leone même, 300 nègres, qu'il vendit ensuite à Saint-Domingue.

La nouvelle de la fondation de la petite colonie africaine de Sierra-Leone fut accueillie avec grande joie en Amérique. Car en vain, jusqu'alors, avait-on essayé, dans le pays même, des colonies de nègres libres. Et l'Afrique vint ainsi ranimer l'espérance et le courage de ces hommes d'élite, si préoccupés du soulagement et de l'affranchissement des hommes de couleur. En 1800, Jean Monroë, alors gouverneur de l'Etat de Virginie, engagea une correspondance avec le président des Etats-Unis, dans le but de trouver un asile, hors des limites américaines, pour les nègres émancipés. « Je tremble pour mon pays, répondit le président Jefferson, quand je pense que Dieu est juste. » De là, en 1810, les Etats de l'Union portèrent une loi qui défendait la vente de tout esclave qui, une fois mis en liberté, avait été capturé de nouveau.

Enfin, à peine le traité de Vienne avait-il déclaré : « La traite des nègres répugne aux principes de l'humanité et de la morale universelle, » qu'une nouvelle entreprise pour cette cause était chaudement discutée et fortement prise à cœur dans une réunion privée à Washington, au soir du 26 décembre 1816. Son dernier résultat devait être, selon les desseins de la divine Providence, la fondation d'un Etat libre de nègres affranchis, sur les côtes occidentales de l'Afrique : Libéria !

ARTICLE PREMIER

Aperçu politique sur Libéria, depuis son origine jusqu'à son indépendance.

(1816-1847.)

§ 1.

Origine et constitution de la Société américaine de colonisation. — Etablissement de nègres affranchis au cap Montserrado (1816-1822).

Le lendemain de la réunion privée qui avait eu lieu, à Washington, au parloir de M. Elijas Caldwell, se tenait publiquement, au Capitole, un grand meeting, présidé par Henry Clay. Après avoir exposé à ses compatriotes de quelle importance était la cause qu'ils étaient venus discuter ensemble, Elijas Caldwell proposa de nommer une commission pour élaborer un plan de colonisation de 2,200,000 nègres répandus aux Etats-Unis. Cette résolution ayant été agréée, un troisième meeting fut indiqué pour le samedi suivant, 28 décembre 1816, et le rapport de la Commission y fut adopté. Il concluait ainsi :

« Article premier. — Une société sera formée, sous le titre de Société américaine de colonisation, pour l'établissement des hommes libres de couleur des Etats-Unis.

« Art. 2. — L'objet vers lequel son attention sera exclusivement dirigée est de coloniser, avec leur consentement, les hommes libres de couleur résidant dans notre pays, et cela, soit en Afrique, soit en tout autre lieu, selon que la Société le jugera à propos. »

Enfin, le 1er janvier 1817, eut lieu l'élection des agents

M. Bushrod Washington fut choisi comme président, MM. Robert Finley et François Key, comme vice-présidents et M. Elijas Caldwell en qualité de secrétaire.

Dans cette même réunion, il fut encore décidé que le but de la Société resterait purement philanthropique; que tous les citoyens de l'Union, moyennant la modique somme d'un dollar par an, pourraient en être membres pendant une année, et toute leur vie s'ils versaient la somme de 30 dollars.

Comme la plupart des esclaves libérés qui avaient travaillé aux plantations des Etats-Unis venaient de la côte de Guinée, ce lieu fut naturellement adopté comme point de colonisation. Et, pour explorer cette côte, on désigna Samuel J. Mills, auquel on adjoignit Ebenezer Burgess.

Dès le mois de novembre 1817, les deux commissaires de la Société s'embarquèrent d'abord pour Londres, où ils devaient prendre toutes les informations possibles et se procurer des lettres de recommandation pour le gouverneur de Sierra-Leone. Et ils partirent ensuite, pour aller remplir leur mission, sur le navire l'*Électra*.

Mais pourquoi ces essais de colonisation des hommes de couleur des Etats-Unis en Afrique, et non en Amérique même? M. Wauwermans va lui-même nous répondre par les lignes suivantes : « Les nègres et les mulâtres affranchis étaient généralement choisis parmi les plus intelligents et pris dans les rangs de la domesticité, où, au contact de leurs maîtres, ils avaient reçu une certaine éducation. Une fois donc émancipés, l'orgueil leur faisait mépriser leurs compatriotes encore esclaves; et ceux-ci, en les jalousant, les haïssaient. D'autre part, les premiers se voyant eux-mêmes repoussés, par les préjugés de couleur, de tout commerce avec les blancs, formaient aussi, au sein de la Société américaine, comme une caste parasite et même dangereuse pour la sécurité de l'Etat. Et, en effet, quoique libérés, ils n'étaient pas plus citoyens que les esclaves eux-mêmes. Leur position était même pire, à certains égards, à tel point que beaucoup de nègres esclaves suppliaient leurs maîtres de ne pas les affranchir. Privés donc de tout droit d'égalité, dans une Société qui les avait violemment attirés à elle, ils demeuraient dans une sorte d'hostilité permanente Et, en outre, par suite de la mollesse et de l'indolence de leur nature, de leur imprévoyance native, ainsi que des vices contractés par eux pendant leur esclavage, ils formaient, dans les grandes villes, un appoint considérable aux castes déshéritées et menaçaient sans cesse la paix publique. » (Wauwermans : « les Prémices de l'œuvre d'émancipation africaine ».)

Rapatrier ces milliers et milliers de nègres paraissait donc un acte de bonne politique, en même temps que d'humanité. Et sous ces motifs humains, la Providence avait des desseins cachés.

Dès leur arrivée à Londres MM. Mills et Burgess eurent la joie de voir leur projet de colonisation exciter de vives sympathies parmi tous leurs amis d'Angleterre, et recevoir même des encouragements de la part du gouvernement anglais. Le comte Bathurst, secrétaire d'Etat pour les colonies, leur donna une lettre pour Charles Mac-Carthy gouverneur de Sierra-Leone, qu'il engageait à leur prêter tout son concours pour les aider dans leurs explorations.

Celui-ci les reçut en effet avec la plus cordiale bienveillance, à leur arrivée à Freetown (12 mars 1818). Quelques jours après, ils dirigèrent leur première exploration vers l'île de Sherbro, au sud de Sierra-Leone. Là, ils conclurent un traité d'amitié avec les principaux chefs de l'île, sans remarquer que leur choix était peu favorable, Sherbro étant un des points les plus insalubres de ces parages et exposé aux tempêtes terribles de la côte, justement appelée la côte des Vents. Après leur retour aux Etats Unis (22 mai 1818), la Société de colonisation subit une première épreuve. M. Mills, trente jours seulement après avoir quitté Freetown, succomba aux atteintes d'un rhumatisme très douloureux contracté pendant la traversée. Grâce toutefois au rapport favorable de M. Burgess sur cette première exploration, la Société de colonisation ne laissa pas de prendre de grands développements; et l'on vit dès lors, chaque année, se former autour d'elle de nombreuses sociétés auxiliaires. En outre, pendant qu'elle préparait un premier transport de nègres affranchis sur la côte occidentale de la Guinée, la divine Providence lui ménageait un secours aussi puissant qu'inattendu.

En 1807, le gouverneur de l'Union avait porté une loi pénale contre toute importation d'esclaves, qu'il rendit plus sévère encore en 1818. En 1819, le Congrès décréta que les esclaves illégalement introduits dans le pays, ou capturés sur mer et mis en liberté par l'Etat, étaient confiés à sa garde et protection, jusqu'au jour où ils seraient relégués hors des limites du territoire.

Et, à cet effet, le président Monroe était autorisé à nommer un agent qui prendrait soin d'eux. Or celui-ci, pour se conformer au décret et le mettre à peu de frais à exécution, crut ne pouvoir rien faire de mieux que de coopérer à l'œuvre entreprise par la Société de colonisation. Il nomma, en conséquence, comme agent du gouvernement M. Bacon, ministre de l'Eglise épiscopalienne d'Amérique, et sous-agent M. J. P. Bankson, et la Société, de son côté, se fit représenter auprès des nègres affranchis qui devaient être transportés en Afrique, par son propre agent, M. Crozer.

Le 16 février 1820, une première expédition, conduite par le Rév. Samuel Bacon, avait lieu à New York sur l'*Elisabeth*, affrété aux frais de l'Etat. Quatre-vingt-six nègres émancipés se trouvaient à bord. Ils venaient de la Virginie, du Maryland, de la Pensylvanie et de New-York. Après une traversée assez heureuse, ils arrivèrent à Freetown le 9 mars 1820. Le gouverneur de Sierra-Leone leur fit un accueil très amical, en manifestant toutefois aux chefs de l'expédition ses répugnances pour l'établissement de la nouvelle colonie sur les limites de Sierra-Leone. Après un repos de quelques jours, les émigrants firent voile vers l'île Sherbro. Mais, comme les pourparlers avec les indigènes tournaient en longueur, les Américains, qui ne pouvaient encore mettre pied à terre, furent attaqués par les fièvres. Vingt-deux colons de couleur rendirent le dernier soupir, et bientôt les trois chefs de l'expédition furent eux-mêmes victimes de leur dévouement. Avant de mourir, l'agent de la Société, M. Crozer, nomma pour son successeur un ministre de couleur, le Rév. Daniel Coker. Celui-ci, pour sauver le reste des émigrants, ne trouva d'autre moyen que de se réfugier avec ses colons à Sierra-Leone, comptant, non sans raison, sur les sentiments d'humanité du gouverneur.

La nouvelle de tous ces désastres ne découragea nullement ni la Société de colonisation, ni le gouvernement américain. Le Rév. D. Bacon, frère du précédent, et M. Winn furent nommés agents de l'Etat ; le Rév. Joseph Andrus et M. Wiltberger, agents de la Société. Embarqués, sans retard, sur le brick *Nautilus* avec un petit nombre d'autres émigrants, ils rejoignirent, en 1821, les débris de la précédente expédition.

Les chefs de cette seconde expédition, vu l'état insalubre de Sherbro, résolurent de chercher un autre emplacement plus favorable et députèrent à cet effet, MM. Bacon et J. Andrus. Leur choix tomba d'abord sur le cap Montserrado, mais ils trouvèrent intraitable le chef indigène, nommé Pierre. Ils furent plus heureux auprès des chefs d'un autre endroit de la côte, appelé Grand-Bassa ; et ayant signé un contrat avec lui, ils se disposaient à conduire là les émigrants, lorsque les deux agents du gouvernement et celui de la Société se virent soudainement appelés, par Dieu, pour le grand voyage de l'éternité. Bientôt il ne resta plus que le vice-agent de la Société ; car M. Bacon lui-même, épuisé par la fatigue et les fièvres, résolut de retourner en Amérique. Que fera M. Wiltberger, devenu maintenant seul responsable des colons américains? Ira-t-il à Grand-Bassa, pour y implanter la nouvelle colonie? Attendra-t-il qu'il lui vienne du renfort du Nouveau-Monde? Il était encore livré à l'incertitude à cet égard, lorsqu'il vit arriver inopinément Eli Ayres, revêtu de tous les pouvoirs d'agent et de chef de la Société de colonisation. Et l'un et l'autre, quelques jours après, avaient la consolation de se voir rejoints par le capitaine d'un navire de guerre d'Amérique, l'*Alligator*. Le capitaine Stockton avait reçu ordre de son gouvernement de prêter son concours aux agents de la Société, à l'effet de leur procurer un territoire convenable pour la colonisation.

Laissant le soin des nègres émigrés à Wiltberger, Ayres accompagna le capitaine Stockton dans son exploration le long de la côte, et, le 11 décembre 1821, jetant l'ancre dans la baie de Mesurado : — «Voilà, dit celui-ci, l'emplacement qu'il nous faut, » en montrant du doigt la haute falaise du cap Montserrado. « Donc, répondit Ayres, coûte que coûte, nous devons l'avoir. » L'affaire n'était cependant pas si facile. Depuis plus d'un siècle l'Angleterre et la France avaient en vain essayé de se faire attribuer la souveraineté de ce point de l'Afrique ; et six mois auparavant, le chef indigène, Pierre, s'était montré inflexible envers Andrus et Bacon. Ce ne fut donc qu'à force d'adresse et de persévérance, et après de nombreux pourparlers, que les deux commissaires américains parvinrent à conclure un traité, dont on sera sans doute curieux de connaître les clauses.

On y lit : « Tout le monde est prévenu que le présent contrat, conclu le 15 décembre 1821 entre les chefs indigènes Peter, Gorges, Joda et Long Peter d'une part, et le capitaine Robert Stockton et Eli Ayres d'autre part, cède pour toujours à la Société de colonisation d'Amérique, pour l'établissement d'une colonie de nègres américains affranchis, en toute propriété, un terrain de 209 kilomètres de développement à la côte et de 64 kilomètres de profondeur, autour du cap Montserrado, à condition que la société des colons payera aux susdits chefs les articles suivants : 6 mousquets, une boîte de perles de verre, 2 boucauts de de tabac, 1 baril de poudre, 6 barres de fer, 10 pots de fer, 12 couteaux, 12 fourchettes et 12 cuillères, 6 pièces de toile de guinée bleue, 4 chapeaux, 3 habits, 3 paires de souliers, 1 boîte de pipes, 1 baril de clous, 3 miroirs, 3 pièces de calicot, 3 cannes, 4 parapluies, 1 boîte de savon, 1 baril de rhum, etc., etc. Les acquéreurs s'engagent en outre à payer encore dans la suite : 6 barres de fer, 12 fusils, 3 barils de poudre, 12 plats, 12 couteaux, 12 fourchettes, 20 chapeaux, 5 barils de bœuf, autant de porc, et 12 de biscuit, 12 carafes, 12 gobelets de verre et 50 paires de souliers.

(*Suivent les signatures.*)

Le traité une fois passé, Ayres s'empressa de se rendre à Sierra-Leone, où il fit choix de quelques colons, avec lesquels il repartit pour le cap Montserrado, où ils arrivèrent le 7 janvier 1822, et où d'autres colons vinrent les rejoindre le 16 février suivant. Ayres retourna encore à Sierra Leone, pour y prendre le reste des émigrés, et de là se rendit au cap.

Voilà donc les colons, dont les premiers étaient partis d'Amérique le 6 février 1820, campés tous ensemble, un peu plus de deux années après, dans la baie de Montserrado. Ils avaient successivement été transportés à Sherbro, puis à Sierra-Leone, dans un lieu nommé Fourah-Bay, et, sans parler de mille autres souffrances et privations, ils avaient vu mourir un grand nombre d'entre eux, notamment cinq de leurs chefs, dont trois appartenant à la première expédition et deux à la seconde. Maintenant que les voilà définitivement réunis sous la conduite de deux agents de la Société, MM. Eli Ayres et Wiltberger, sont-ils au bout de leurs maux? Loin de là. Car, soit mauvaise foi de la part des indigènes, soit malentendu au sujet des conventions, au moment où les colons voulurent mettre pied sur la belle île de Bushrod, à l'est du cap, les indigènes, prétendant qu'elle n'était point comprise dans le marché, s'opposèrent en masse à leur débarquement. Force leur fut donc de se résigner à habiter provisoirement une autre petite île, également située dans la baie de Montserrado, et à laquelle ils donnèrent le nom de *Persévérance*. Mais, là encore, la malveillance les poursuivit, car bientôt les huttes qu'ils avaient élevées furent incendiées par les indigènes. Puis, vint bientôt la saison des pluies, et la plupart des colons furent atteints de la fièvre. Découragé par ces épreuves, Eli Ayres résolut de retourner à Sierra-Leone avec ceux des colons qui voudraient l'y accompagner. Quant à Wiltberger, il était résolu, lui, à lutter jusqu'à la mort pour s'emparer des hauteurs du cap. Il avait d'ailleurs un auxiliaire ardent et courageux dans la personne d'Elija Johnston, de New-York, un des membres de la première expédition. Ayres ayant proposé à celui-ci de l'accompagner à Freetown : « Non, répondit-il, depuis deux ans je suis à la recherche d'un asile convenable ; je l'ai trouvé tel que je le désirais, et je m'y établirai. » Wiltberger résolut donc une attaque décisive. Traversant avec quelques colons la rivière de Montserrado, il atteignit le cap, abattit quelques arbres, et, sous les yeux étonnés des indigènes, fit construire quelques maisons à l'endroit même où s'élève aujourd'hui la ville de Monrovia. Ceci se passait en juin 1822.

Cependant Wiltberger, se sentant à bout de forces, laissa la direction de la jeune colonie à l'intrépide Elija Johnston et retourna à Sierra-Leone d'où, avec Ayres, il repartit pour l'Amérique, afin de s'y procurer de nouveaux secours. Mais, pendant ce temps, la fièvre continuait à sévir parmi les émigrés, et la mauvaise saison menaçait d'anéantir complètement la colonie. Comment échapper à ce désastre ? Le brave Elija Johnston prend alors une résolution héroïque. Avec 21 hommes seulement en état de porter les armes, il s'avance sur les terres hautes du cap de Montserrado, et là se défend avec un mâle courage contre les indigènes qui veulent lui barrer le chemin. Au plus fort de la mêlée, un capitaine de navire de guerre anglais vient lui offrir ses services, à la condition qu'il lui cédera quelques pieds de terre pour y planter un mât de pavillon. « Non, répond fièrement Johnston, nous n'avons pas besoin de pavillon anglais, qui nous coûterait plus à abattre que ne nous coûtera une victoire complète sur les indigènes ! »

Dès le 8 août, la Providence lui envoyait d'ailleurs un secours puissant dans la personne de Jéhudi Ashmun. Embarqué le 20 mai 1822 à Baltimore avec 53 colons à bord du brick le *Strong*, affrété par l'Etat, celui-ci arriva à temps au Mesurado pour ranimer tous les courages. On entreprit avec activité les travaux d'occupation et d'installation les plus urgents. — La jeune colonie se trouvait alors dans le plus grand état de détresse. Boatswain, un puissant chef de l'intérieur, ami des colons, avait dû quitter la côte, où sa présence avait beaucoup contribué à réprimer leurs ennemis. Pendant son absence, les hostilités avaient recommencé plus vives que jamais. Les colons s'étaient vu intercepter toutes leurs provisions, et les chefs qui leur avaient cédé le cap Montserrado ne voulaient entendre aucune proposition d'accommodement. Les vols et les dépravations de tout genre étaient à l'ordre du jour. D'autre part, les trente huttes qui avaient jusque-là servi d'abri aux colons se trouvèrent bien insuffisantes pour loger les nouveaux passagers du *Strong*. Ashmun résolut donc d'en finir. Le 11 novembre, la petite colonie étant fortement attaquée par plus de 800 indigènes, il divisa ses hommes en deux camps commandés, l'un par lui-même, l'autre par le brave Elija Johnston ; et, grâce à cette tactique, après une lutte acharnée de part et d'autre, il parvint à mettre en déroute ses ennemis.

Cependant, 35 colons seulement, sur 130 personnes que comptait la colonie, étaient capables de la défendre ; puis la maladie et la famine continuaient leurs ravages. Malgré cela, du 30 novembre au 3 décembre, on se battit pour ainsi dire sans relâche. Les colons eurent constamment l'avantage des armes. Ils auraient cependant été forcés, sans doute, dans leurs retranchements, faute de vivres et de munitions, lorsque, sur ces entrefaites, arriva un navire anglais le *Prince-Régent*. Attiré par le bruit des armes à feu, il s'empressa de venir au secours d'Ashmum.

D'un autre côté, le capitaine Laing, qui était en bonnes relations avec tous les chefs des environs, usa de toute son influence pour les décider à déposer les armes. Son avis prévalut : les deux partis recoururent à l'arbitrage du gouverneur de Sierra-Leone, et la paix parut définiti vement conclue (4 décembre 1822).

§ II.

Luttes intérieures. — La colonie reçoit son nom et sa première forme de gouvernement (1822-1824).

Pendant les huit mois que les colons avaient eu à guerroyer contre les indigènes, pour s'établir d'une manière définitive sur le cap Montserrado, leurs autres affaires avaient été forcément négligées. Il ne restait plus guère qu'une seule maison en bon état : le magasin public des provisions et ces provisions elles-mêmes étaient complètement insuffisants pour l'entretien de 150 personnes. Mais le génie et l'activité d'Ashmun pourvurent à tout. En peu de temps, 50 maisons en planches furent construites, et un marché conclu avec une tribu de l'intérieur pour fournir des bœufs à la colonie, qui les payait huit dollars la pièce. De plus, avec le concours du navire américain, le *Cyane*, une tour ou forteresse armée de six canons fut construite ; et enfin la goélette l'*Augusta*, qui, après avoir servi aux premiers agents, avait été abandonnée par eux dans le port de Sierra-Leone, fut réparée et mise à la disposition des colons : elle était servie par 12 hommes, sous le commandement du lieutenant Dashiell.

Mais pendant que l'intrépide Ashmun s'efforçait d'assurer les progrès de la colonie, tant à l'intérieur qu'à l'extérieur, par des relations amicales avec les chefs du voisinage, la noire envie, qui se rencontre partout, avait poussé quelques colons à envoyer de faux rapports au comité américain sur l'administration de son agent. En outre, le comité américain, d'après le propre rapport de celui-ci, trouva trop fortes les dépenses faites par lui et refusa même de reconnaître quelques-uns de ses traités. Et finalement la Société de colonisation lui substitua comme agent Ayres, lequel, comme on l'a vu, avait déjà rempli cette charge (24 mai 1823).

Ce dernier, dès son arrivée, s'appliqua à répartir entre les colons les différents lots des terres acquises. Mais plusieurs des premiers émigrants, non satisfaits de la part qui leur était échue, en appelèrent au comité américain ; ce qui commença à jeter le trouble dans les esprits. De plus, un décret fut publié portant « qu'à partir du 5 juin 1824 la colonie se déchargeait du soin de fournir des vivres aux colons, et qu'eux-mêmes auraient à se pourvoir par leur industrie et leurs travaux. » Nouveau grief, qui fomenta parmi les colons leur esprit d'insubordination. Ce qui contraignit Ayres à abandonner une seconde fois la colonie.

Ashmun, heureusement, sut, en cette circonstance, faire preuve d'une grandeur d'âme extraordinaire Lorsqu'il avait remis à Ayres l'administration de la colonie, les affaires étaient en bon état ; mais celui-ci, au contraire, lui laissait en se retirant l'avenir de la colonie plus ou moins compromis. Or, faisant taire les ressentiments de son amour-propre justement froissé, Ashmun reprit sa charge avec un nouveau courage, et bientôt, à force de prudence, d'esprit de conciliation et d'énergie, il rétablit le bon ordre parmi les colons, auxquels il fit renouveler la promesse de se soumettre pleinement à l'autorité de la Société de colonisation, représentée dans la personne de leur chef.

Le 13 février 1824, arrivèrent avec le *Cyrus* 105 autres émigrants, revenant de Pétersbourg et de la Virginie. D'abord éprouvée par la fièvre et par des privations forcées, car la colonie manquait de provisions, cette recrue se mit de suite à l'œuvre pour défricher les coins de terre qui lui avaient été assignés et y construire des habitations. Le travail fut rapide, et bientôt la colonie compta 30 nouvelles maisons, avec un vaste magasin public.

Ashmun était toujours l'âme de la colonisation ; mais, épuisé de soucis et de travaux, il dut demander à un voyage sur mer le rétablissement de sa santé. Il partit pour le cap Vert en mars 1824, après avoir remis tous les papiers de la colonie entre les mains d'Elija Johnston, chargé de le remplacer pendant son absence ou jusqu'à l'arrivée d'un autre nouvel agent. A peine, cependant, avait-il goûté quelque peu de repos, qu'un navire de guerre américain, le *Porpoise*, jeta l'ancre dans le port de Praya de la ville du cap Vert (24 juillet 1824). A son bord se trouvait le Rév. Gurley, envoyé par la Société de colonisation et le gouvernement américain, avec pleins pouvoirs pour établir dans la colonie une forme de gouvernement provisoire. Il fit appel à la générosité de M. Ashmun, et celui-ci, sacrifiant encore une fois son repos et sa tranquillité, n'hésita pas un instant à l'accompagner au cap Montserrado. Le 13 août, le *Porpoise* mouillait dans la baie de Bushrod.

M. Gurley, après avoir loué hautement l'habileté, le désintéressement et l'honnêteté d'Ashmun, le nomma agent colonial ; puis il donna à la colonie une constitution, qui fut lue publiquement et acceptée par tous les colons. Elle consacra la forme républicaine. M. Gurley décida ensuite, au nom du comité américain, que la colonie prendrait le nom de *Libéria*, en souvenir de son origine, et que son chef-lieu serait nommé *Monrovia*, en l'honneur du Président des États-Unis, M. Monroë, qui avait pris une si large part dans l'établissement de la colonie américaine en Afrique.

Ces noms avaient été adoptés, en décembre 1823, dans le comité central, à Washington, et dans la Chambre du Sénat, sur la proposition du général Robert Goodloe Harper de Baltimore, Maryland. — Dès le 22 août, M. Gurley retournait aux États-Unis ; sa mission était terminée.

§ III.

Approbation de la première forme du gouvernement de la colonie de Libéria par le Comité. — Son progrès intérieur et extérieur sous l'administration d'Ashmun (1824-1828).

Le comité américain, tout en encourageant les nouvelles mesures prises par MM. Gurley et Ashmun, crut prudent d'attendre que l'expérience des résultats obtenus vînt elle-même en solliciter l'approbation. — C'était pour la première fois que les colons étaient admis à avoir part à l'administration de la colonie. Mais, dociles à suivre de tout point les avis de leur habile chef, ils ne tardèrent pas à mériter la confiance du comité protecteur ; et le 13 mars 1825, le navire *Hunter* apportait à Libéria la sanction de sa nouvelle forme de gouvernement, tandis que l'arrivée de 66 nouveaux émigrés, tous cultivateurs et formant 11 familles, annonçait pour la colonie une ère nouvelle de prospérité.

Monrovia étant située sur un sol rocailleux, et les limites de la colonie étant devenues trop restreintes, on sentit le besoin d'acquérir un vaste domaine, qui permît l'établissement de nombreuses fermes. A cet effet, Ashmun fit l'achat de tous les terrains de la rivière Saint-Paul, et, dès le 14 novembre 1825, la colonie y compta une seconde ville, qui fut appelée Caldwell, en l'honneur du secrétaire tout dévoué de la Société de colonisation. Ensuite, entre Monrovia et Caldvell, aux bords de l'île Bushrod, on créa un dépôt destiné à recevoir les nègres saisis par les navires négriers, et on lui donna le nom de New-Georgia, aujourd'hui New-Georgetown.

Mais là ne se borna pas le zèle d'Ashmun pour assurer le progrès extérieur de la nouvelle fondation, dont l'existence même était menacée par la traite qui s'exerçait alors sur une grande échelle, depuis la rivière Saint-Paul jusqu'à celle du Grand-Sesters, au sud. En juillet 1825, 200 esclaves avaient été vendus dans la seule rivière de Saint-Paul. Plus de 10 navires étrangers étaient occupés à ce monstrueux trafic. Non loin de là, à Trade-Town, 800 nègres venaient aussi d'être achetés comme esclaves. Afin donc de combattre ce fléau de tout son pouvoir, Ashmun dirigea tout d'abord ses opérations vers la rivière Saint-Paul, où un premier succès vint couronner ses efforts. Puis, afin de mieux surveiller les manœuvres des marchands d'esclaves, il fit établir une factorerie aux premières cataractes de la rivière, à Millsbourg.

L'année suivante, 1826, ayant à sa disposition le concours de trois navires américains, il entreprit une seconde expédition contre Trade-Town. Là, les Espagnols avaient établi sur une grande échelle des marchés d'esclaves. Aussi la résistance fut-elle vive ; mais, après deux jours de combats. Ashmun se rendit maître de la ville et ordonna de la brûler. Quelques minutes après, il n'en restait plus aucun vestige. Une nouvelle factorerie fut ensuite créée en ce lieu pour empêcher la reprise de la traite. Dans ce même but, Ashmun prit soin, par diverses acquisitions, de reculer les limites de la colonie jusqu'au Grand-Sesters. Et toujours à l'effet de travailler à la destruction complète de la traite, il fit également élever des factoreries, tant au Grand-Sesters, qu'au cap Mount et à Grand-Bassa.

En vue de développer le commerce dans le pays, il fit aussi, en 1827, un voyage au Rio-Pongo, où il se proposait d'établir une seconde colonie américaine, avec un port assez grand pour servir de chantier aux navires des deux colonies; mais la chose ne put s'exécuter.

En même temps qu'Ashmun travaillait ainsi à faire progresser au dehors la colonie, soit par des achats de nouveaux terrains et la répression de la traite, soit en établissant des relations cordiales avec les différents chefs du voisinage, il cherchait à pourvoir à son affermissement intérieur et à sa sécurité. Dès l'année 1828, nous voyons en effet la colonie défendue par quatre compagnies de soldats, et un journal, *the Liberia Herald*, est aussi fondé, qui tient tout le pays au courant des progrès de la colonie. Une imprimerie est établie, des écoles y sont ouvertes, et une bibliothèque publique compte 1,200 volumes. Un steamer est à la disposition de l'agent. Chaque année des centaines de nouveaux émigrants viennent augmenter la population. L'ordre et la paix règnent dans la colonie, qui comprend environ 4,000 nègres venus d'Amérique. Ce n'est pas tout encore. Des sociétés sont formées, les unes pour l'amélioration du port, les autres pour encourager l'augmentation de la population, ainsi que les travaux de l'industrie.

Mais, hélas ! le *père* des colons, le *Head-man* des indigènes, ainsi qu'ils aimaient à l'appeler, Ashmun, épuisé par les incessants labeurs auxquels il s'était livré, dut faire ses adieux à la jeune colonie. Ce fut le 28 mars 1828, qu'escorté par la milice de la ville, accompagné de tous les habitants de Monrovia, et au milieu des larmes de tous les colons, il monta sur le « Doris » qui faisait voile pour l'Amérique. Arrivé aux Etats-Unis, il y rendit compte de sa gestion. C'était pour la dernière fois ; car peu de temps après, le 25 août 1828, Dieu l'appelait à Lui. Il était âgé seulement de 35 ans.

La société américaine rendit un hommage solennel à son

génie, en lui faisant élever un monument à New-York. Et aujourd'hui les Libériens ne connaissent le nom de leur grand bienfaiteur, chef et père, que par une des principales rues de Monrovia, qui porte son nom. *Sic transit gloria mundi !!*

§ IV.

Première modification dans la forme du gouvernement de la colonie en faveur des colons. — Succession rapide des agents (1828-1839).

En 1824, les colons, avons-nous dit, avaient été admis pour la première fois à prendre certaine part dans la direction des affaires coloniales. A son arrivée à New-York, Ashmun travailla à rendre cette part plus considérable. En conséquence, le 22 octobre 1828, le Comité américain modifia, en leur faveur, la première forme du gouvernement; à partir de ce jour, la haute administration fut confiée à un agent et à un vice-agent. Le Comité américain s'en réserva la nomination; mais tous les autres officiers de la colonie, le secrétaire, le greffier, le trésorier, le shérif, sont élus par les colons, sauf l'approbation de l'agent.

Les sept agents qui se succédèrent dans le gouvernement de la colonie, de 1828 à 1839, n'eurent qu'à suivre la sage politique de leur illustre prédécesseur, Ashmun. A l'intérieur, encourager le développement des établissements, à l'extérieur, se concilier l'amitié et l'estime des chefs; arriver, par des traités pacifiques, à agrandir les limites de la colonie; point de miséricorde pour la traite; point de faiblesse vis-à-vis des chefs rebelles des indigènes; telle était la voie ouverte; là était tout le secret de l'avenir. Le premier agent qui commença à poursuivre l'exécution de ce plan, fut le R. Lott Carry qu'Ashmun avait désigné lui-même provisoirement avant son départ. Il mourut en décembre de la même année 1828, par suite d'accident dans une guerre de répression contre un chef voisin, le roi Brister. Du reste, le 29 du même mois, arrivait à Monrovia, comme successeur d'Ashmun, le Dr Richard Randall, qui fonda l'établissement de Carry-town, pour y établir un certain nombre de nègres capturés derechef. Son administration promettait beaucoup, mais malheureusement les fièvres le conduisirent au tombeau, le 19 avril 1829, au milieu de ses explorations dans la rivière de Saint-Paul et pendant qu'il négociait avec le roi Boatsway.

Un jeune docteur, arrivé en même temps que lui dans la colonie, M. Michelin, fut appelé à le remplacer. Il s'appliqua, tout d'abord, par de nouveaux traités, à s'assurer la possession d'une plus grande étendue de terrain sur la rivière Saint-Paul : et son administration fut si intelligente et si bonne, que bientôt les rois indigènes du cap Mount, Long-Peter et de Grand-Bessa, Bob-Gray, sollicitèrent comme une faveur d'être incorporés, eux et leurs tribus, à la colonie américaine. A cette époque arriva une nouvelle colonie d'émigrants, envoyée par une société de civilisation d'Edimbourg. On l'établit sur un territoire cédé par Bob-Gray, sur les bords de Saint-John, et elle fonda Edina.

Dans ce même temps, des esclaves du sultan de Brumley, après avoir réussi à s'échapper, s'étaient réfugiés à Libéria. Kaïpa, fils du sultan, vint les réclamer, mais on les lui refusa; et, par suite, les chefs Brister, Willy, Sitma, Short-Peter, Jemmy, commencèrent des hostilités contre la colonie. Ils oubliaient sans doute qu'à Monrovia vivait encore l'habile, l'intrépide guerrier, Elija Johnston, le soldat d'Ashmun. Celui-ci remonte le Saint-Paul à la tête de 170 colons. La plupart des villages des chefs révoltés sont pris et brûlés ; et le sultan, avec ses alliés vaincus, viennent eux-mêmes demander la paix. Michelin la leur accorda, mais à la condition de ne plus entraver le commerce et de favoriser plutôt le développement de la colonie.

Une importante société de colonisation avait été créée,

en 1827, dans le Maryland, par le catholique lord Baltimore, avec le concours de l'État. Les premiers émigrés, embarqués sur l'*Orion*, en octobre 1831, sous la conduite du Dr James Hall, débarquèrent à Monrovia afin d'obtenir du Comité colonial une concession de territoire. Mais des difficultés graves surgirent entre celui-ci et Michelin, au sujet du système colonial que le Maryland voulait imposer. Hall retourna en Amérique, pour demander des instructions à son comité directeur. En 1833, une nouvelle expédition de 28 émigrés quittait Baltimore, sous la direction de Hall. Elle avait reçu mission de Maryland de rallier la précédente expédition à Monrovia, et d'aller établir une colonie indépendante sur un point de côte inoccupé, vers le cap des Palmes. James Hall réussit dans cette entreprise et fut le premier directeur de la nouvelle colonie. Elle prit le nom de *Maryland-en-Libéria*, et resta distincte de celle de Libéria, jusqu'en 1856.

Cependant les fièvres avaient tellement miné la santé du Dr Michelin, qu'il dût, pour échapper à la mort, opérer promptement son retour en Amérique. En 18 4, son successeur débarquait à Monrovia. C'était le Rév. John B. Pinney, lequel, peu de mois après, fut aussi contraint, pour la même raison, de se rapatrier. Ce peu de temps lui avait suffi pour laisser dans la colonie des traces bienfaisantes de sa courte gestion ; telles que la construction d'une chaloupe de 100 tonnes, dont les frais s'élevèrent à plus de 2,000 francs ; une ambassade envoyée à l'intérieur au roi Boatsway en vue d'un nouvel établissement ; la préparation d'un terrain pour l'hôpital, etc., etc.

Pendant qu'on attendait à Monrovia son successeur (juin 1835), le vice-agent Brander eut à réprimer une révolte des indigènes contre les colons. Puis, au commencement de cette même année, la Société des jeunes gens de Pensylvanie envoya une expédition exclusivement composée d'ouvriers : forgerons, charpentiers, cordonniers, tailleurs, briquetiers, maçons ; au nombre de 126. Une sévère discipline les soumettait tous à la tempérance et leur interdisait la guerre.

Ils furent très bien accueillis par les Moronviaus, et, dès leur arrivée à Bassa-Cove, ils se mirent à l'œuvre. Six mois après, ils avaient déjà jeté les fondements de la nouvelle colonie par la construction de 18 maisons, dont ils formèrent le village appelé Port-Cresson, du nom de fondateur et chef de leur société de colonisation, qui avait lui-même fait choix de cet emplacement. Cependant Joë Harris, chef principal du Grand-Bassa, offusqué par cette prospérité si rapide, ne tarda pas à montrer des intentions hostiles, ce qui porta les colons à réclamer la protection du super-intendant d'Edina, W. L. Weaver. Celui-ci leur renvoya un secours de 30 colons propres au combat. Mais le chef de Port-Cresson, M. Hawkinson, faible et trop confiant, résolut de ne pas avoir recours à l'emploi des armes et refusa leur assistance. Mal lui en prit, car, dès le lendemain, les sauvages pillèrent la colonie, brûlèrent les maisons, tuèrent 18 colons; et les autres durent se réfugier dans les forêts ou à Edina. Edina fut à son tour attaquée; mais grâce aux 120 colons de Monrovia commandés par Elija Jonhston, Joë Harris fut mis en fuite avec ses sauvages, ses villes et défenses saccagées et détruites. Bien plus, celui-ci vint faire lui-même sa soumission, et prêta son concours pour rétablir bientôt les colons à Bassa-Cove.

A cette époque (janvier 1836), arrivait M. Thomas Buchanan, en qualité d'agent des sociétés de colonisation de Pensylvanie et de New-York, avec ordre de mettre sur un bon pied les deux colonies de Monrovia et de Bassa-Cove. Et dès cette même année, il fit construire, sur les hauteurs du cap Montserrado, une tour, au sommet de laquelle était placé le fanal qui servait de phare au port de la ville de Monrovia. En décembre 1836, l'agent Dr Skinner, épuisé par ses pénibles travaux, retourna en Amérique. Il eut pour successeur M. Anthony D. Williams. Dans son rapport au

Comité américain, le Dr Skinner s'appliqua à faire ressortir la nécessité de deux drainages pour l'assainissement de Monrovia, aujourd'hui plus nécessaires que jamais.

Durant l'administration du Dr Williams, de 1837 à 1839, eut lieu, sur cette côte occidentale d'Afrique, la création d'un nouvelle colonie américaine. La Société de colonisation de Mississipi envoya des nègres affranchis dans le Sinou. Ils y construisirent la ville de Greenville, en l'honneur de James Green, un des Américains les plus dévoués à l'abolition de l'esclavage, pendant que, sur les bords de Junck-river, s'élevait la ville de Marshall. Cet acte fut le dernier de quelque importance pour la colonie depuis sa fondation jusqu'en 1839, qui devait lui ouvrir une ère nouvelle de prospérité et aboutir finalement à la déclaration de son indépendance.

§ V.

Deuxième modification de la forme du gouvernement de la colonie. — Gouverneurs et vice-gouverneurs. — Fusion des différentes sociétés de colonisation. — Indépendance. — (1839-1847).

Comme les divers établissements américains fondés jusque-là sur la côte occidentale d'Afrique étaient contrôlés par leur société respective de colonisation, il en résultait souvent des conflits préjudiciables à leurs intérêts réciproques. Et le temps était venu, ce semble, de les réunir sous un seul et même gouvernement, où les colons auraient eux-mêmes une plus large part dans l'administration de leurs propres affaires. Dans ce but, une commission fut nommée, à l'effet d'élaborer une constitution pour la colonie de Libéria. Elle fut présentée par M. Mercer. Le gouvernement de la colonie était confié à un gouverneur et à un vice-gouverneur, assistés d'un Conseil. Mais les lois édictées par eux pouvaient être révoqué par le Comité américain. Celui-ci se réservait le droit de nomination du gouverneur. La colonie fut divisée en deux comtés : le comté de Montserrado, qui s'étend depuis le Half-Cap Mount-River jusqu'au Junck-River, et renferme les petites villes de Monrovia, Caldvell, New-Georgia et Millsbourg, puis le comté de Bassa, qui comprend Bassa-Cove, Marshall, Bexlay et Edina. Les membres du Conseil étaient élus au scrutin par les citoyens mâles, âgés de vingt-un ans. Six représentants étaient nommés pour le comté de Montserrado, et quatre pour celui de Bassa. Le gouverneur était d'office chef de justice de Libéria. L'esclavage n'avait pas cours dans la colonie, et le commerce des esclaves était absolument interdit. Mais la clause qui accordait aux blancs le droit de propriété fut vivement combattue par un membre de la Commission, Elisha Whittlessey, qui fit prévaloir sa motion.

En même temps que sa nouvelle constitution, Libéria reçut, par le Saluda, son premier gouverneur, Thomas Buchanan, dont il a déjà été parlé (1er avril 1839). Un coup de canon salua l'arrivée de Son Excellence, qui fit son entrée dans la capitale de Monrovia, escortée d'une compagnie de soldats en uniforme militaire.

Au mois d'août, les citoyens étaient réunis pour entendre la lecture et l'explication de la nouvelle constitution. Quelques rumeurs s'élevèrent çà et là, mais, finalement, elle fut acceptée à l'unanimité. Les Monroviens firent serment de l'observer, et leur exemple fut bientôt suivi par les autres villes de la colonie.

Dès le mois de septembre de cette même année, 1839, la législature du pays siégeait pour la première fois à Monrovia. Elle s'occupa surtout d'assurer à la colonie le développement des écoles et des hôpitaux.

Le gouverneur Buchanan resta à la tête de la colonie jusqu'en octobre 1841. Il mourut à Bassa et y reçut la sépulture. Pendant les deux ans de son administration, il travailla énergiquement à la suppression de la traite, notamment à Grand-Bassa, et à la soumission de quelques chefs rebelles ; en quoi il fut bien secondé par le général Roberts et le vaillant colonel Elija Johnston. Le premier, à la grande satisfaction des colons, fut appelé par le Comité américain à lui succéder (1841).

M. Joseph Roberts, originaire de Virginie, était arrivé à Libéria, en 1829, à l'âge de vingt ans, par le *Harriet*. C'était un mulâtre éclairé, d'une grande énergie, et qui s'était fait remarquer par sa bravoure et ses succès militaires sous les différentes administrations qui avaient précédé. Il était marchand de profession. Il s'appliqua surtout à étendre les limites de la colonie par des traités d'alliance avec les chefs voisins, dans le but d'abolir la traite. Ceux-ci le choisirent même comme médiateur et arbitre dans leurs différends, par un traité d'alliance et d'amitié (22 février 1843). En décembre de cette même année, il conclut un autre traité avec les habitants du pays de Kroo, par lequel ceux-ci s'engageaient à ne livrer leur pays à personne autre qu'à la colonie de Libéria ou à la société américaine. D'un autre côté, Bob-Gray, l'ancien et fidèle ami de Libéria, menacé par un chef voisin, Salt-Water, qui voulait le contraindre à reprendre le trafic des esclaves, demanda à entrer, avec ses États du Petit-Bassa, dans la colonie, et l'alliance fut signée le 5 avril 1845.

Toute la côte, à peu de chose près, depuis le cap Mount jusqu'au San-Pedro, se trouvait ainsi occupée par les deux colonies américaines de Libéria et de Maryland. Afin de subvenir par elles-mêmes à leurs besoins, sans avoir recours à la mère-patrie, elles passèrent entre elles une convention, qui établissait un droit de 6 0/0 sur les marchandises d'importation. Ce règlement leur suscita de graves difficultés, lesquelles, d'abord aplanies par la déclaration de l'indépendance de Libéria, dont elles furent la principale cause, constituent encore aujourd'hui un problème, de la solution duquel peut dépendre l'existence même de la République libérienne, comme État libre et indépendant.

A cette époque, en effet, l'Angleterre exerçait une très grande influence, soit par son commerce, soit par ses colonies, tout le long de la côte occidentale d'Afrique. Or, en 1843, un commerçant anglais aborda à Bassa-Cove et trafiqua avec les indigènes. Sur la remontrance qui lui fut faite, de la part du gouverneur de Libéria, qu'il n'avait pas ce droit, il répondit : « Qu'il faisait de temps immémorial le commerce avec les habitants de Bassa-Cove, et que, d'ailleurs, le droit de faire la traite avait été acheté par un sujet anglais. » Il refusa d'acquitter les nouveaux droits de la douane, sur quoi le collecteur des droits s'empara d'une partie de ses marchandises, en quantité suffisante pour un juste dédommagement. Alarmés par ces faits, les Libériens en donnèrent connaissance à M. Webster, secrétaire d'État des États-Unis. Celui-ci suggéra à M. Everett, ministre d'Amérique en Angleterre, de faire une enquête relative aux plaintes des Libériens, et de prendre des mesures contre toute violation des droits de la colonie libérienne, ou contre toute illégitime intervention de la part des sujets de la reine sur la côte d'Afrique. M. Everett se borna à manifester à lord Aberdeen ses craintes à ce sujet : — « Je crains, lui dit-il, que si le droit de la colonie libérienne d'agir en État politique et indépendant et de faire exécuter les lois nécessaires à son maintien et à sa propriété est nié par le gouvernement de Sa Majesté, et qu'il faille employer les forces navales de la Grande-Bretagne à protéger les commerçants dans la violation de ces lois, je crains que ce ne soit un coup fatal porté à l'existence même de la colonie. »

D'un autre côté, le capitaine de l'escadron des soldats de la reine, en Afrique, Denham, porta devant son gouvernement les plaintes du commerçant anglais. Et l'ambassadeur anglais à Washington fut avisé de prendre des informations auprès du cabinet de ce pays, pour savoir jusqu'à quel point le gouvernement américain exerçait sa protection officielle sur Libéria, et si la colonie était vraiment reconnue comme un établissement national, le gouvernement américain étant considéré par les puissances étrangères comme responsable des actes exercés par elle.

M. Upshur, alors secrétaire d'Etat en Amérique, répondit à M. Fox, ambassadeur anglais aux Etats-Unis, que la colonie de Libéria n'était pas, à la vérité, une entreprise établie sous l'autorité du gouvernement des Etats-Unis, ni reconnue sujette à ses lois et à sa juridiction, mais que, cependant, si les colons étaient responsables de leurs propres actes, trop faibles pour se défendre, ils devaient tout naturellement s'en remettre à la justice et à la sympathie des autres nations, pour le maintien de leurs droits.

Quelques mois après, le capitaine anglais Jones remettait une lettre au gouverneur Roberts, pour l'informer que l'Angleterre ne pouvait permettre qu'une association d'individus privés, quelque respectable qu'elle fût, déléguât une autorité qu'elle ne possédait pas ; que le seul droit de propriété ne saurait conférer à une association privée celui de souveraineté, etc. » Et, comme conséquence pratique, un navire anglais, le *Little Ben*, commandé par le capitaine Davidson de Sierra-Leone, jeta l'ancre à Bassa-Cove et refusa de payer l'ancrage, déclarant que le capitaine Jones ordonnait de ne plus reconnaître les règlements de commerce établis par la colonie de Libéria. Sur ce refus, le percepteur des droits s'empara d'une partie des marchandises achetées à Bassa, par le capitaine Davidson. Mais, par contre, arriva un navire de guerre anglais, lequel, informé de ce fait, saisit et emmena à Sierra-Leone le *John Seys*, goëlette de la colonie, chargée aussi de marchandises et qui appartenait à un nommé Benson. Cet acte jeta les colons dans la plus grande anxiété. Jusqu'alors, en effet, l'Angleterre avait montré certains égards à la colonie, parce qu'elle la croyait placée sous la protection spéciale des États-Unis. Mais cette protection étant niée par le cabinet de Washington, les procédés de la Grande Bretagne devaient prendre un tout autre caractère; ce qui ne manqua pas d'arriver.

Le moment était donc venu pour la colonie d'entrer elle-même en négociations directes avec l'Angleterre; mais alors, d'après sa propre constitution, elle n'avait pas le pouvoir d'en agir ainsi. Méconnue, en quelque sorte, par le gouvernement américain, elle se trouvait, par suite, dans cette alternative : ou se créer elle-même une existence indépendante et nationale, ou devenir le jouet des puissances étrangères. Elle choisit le premier parti. De son côté, la société américaine de civilisation, tout en regrettant la mesure prématurée qu'elle était obligée de prendre, n'hésita pas à céder ses droits aux colons.

Le gouverneur Roberts lança, en conséquence, une lettre de convocation du conseil législatif, pour cette entreprise si importante. Pendant trois jours l'affaire fut discutée, et l'on décida que le gouvernement consulterait les colons, dans leurs villes respectives, sur la question de savoir si la colonie devait finalement se déclarer libre, souveraine et indépendante. Le scrutin fut ouvert le 27 octobre 1846, et la majorité des votes fut pour l'indépendance de Libéria. Après ce résultat, le conseil législatif nomma une commission, à l'effet d'élaborer une nouvelle constitution, laquelle, après 21 jours de délibération (26 juillet 1847), fut adoptée comme il suit :

« Nous, les représentants du peuple de Libéria, réunis en conseil, investis du mandat de former un nouveau gouvernement... nous publions, au nom et pour le salut des Libériens, et nous déclarons notre pays un État libre, souverain et indépendant, sous le nom et titre de République de Libéria.

« Au nom de l'humanité et de la religion, au nom du Grand Dieu, notre commun créateur et notre commun juge, nous en appelons aux nations de la chrétienté, et nous leur demandons avec empressement et respectueusement de vouloir nous montrer la considération sympathique et amicale que réclame notre condition particulière, et nous faire part de cette économie politique qui préside aux relations amicales des nations civilisées et indépendantes. »

Vint ensuite la lecture de la nouvelle constitution, qui reposait sur les bases suivantes :

« Le pouvoir exécutif est remis à un président, âgé de vingt-cinq ans au moins, et élu par voie de suffrage, ayant cinq ans de résidence dans la République et possédant une fortune de 600 dollars (3,000 fr.) Il est élu pour deux ans seulement, mais il est rééligible, et est assisté d'un vice-président.

« Le pouvoir législatif est confié à un Sénat et à une Chambre de représentants. Pour être élu représentant, il faut avoir au moins deux ans de résidence dans le comté où l'on se fait élire ; avoir au moins une fortune de 150 dollars (800 fr.) et être âgé de vingt-trois ans. Pour être nommé sénateur, on exige trois ans de résidence dans la République, une fortune d'environ 1,000 francs et vingt-cinq ans d'âge.

« Sont électeurs tous les citoyens mâles âgés de vingt et un ans et propriétaires de terres dans la République. Les blancs sont inhabiles à posséder des terres et ne peuvent être électeurs.

« La force armée, placée sous le commandement en chef du Président, se compose de 4 régiments de milice, commandés par un brigadier général. Le service est obligatoire pour tous les citoyens, de seize à cinquante ans. »

En ce même jour (26 juillet 1847), furent adoptés les insignes de la République de Libéria. Le pavillon libérien se compose de 6 bandes rouges et de 15 blanches, alternant dans le sens longitudinal ; en haut, dans l'angle gauche, un carré bleu couvrant 5 bandes avec une seule étoile blanche au milieu. Le sceau de l'État représente une colombe les ailes étendues et tenant entre ses pattes une légende ; la mer avec un navire sans voiles et le soleil levant ; un palmier, au pied duquel sont placées une charrue et une bêche. Autour des mots : *République of Liberia*, est la devise nationale : « *The love of liberty brought us here.* » « L'amour de la liberté nous a conduits ici. »

Le 24 août 1847 vit, pour la première fois, le pavillon national flotter sur la capitale du nouvel État libre ; et dès ce moment, la colonie de Libéria, métamorphosée en République, entra dans l'ère de son indépendance politique.

Dès le 5 octobre de la même année, la population libérienne, ayant accepté la nouvelle constitution, procéda aux premières élections de ses représentants, et elle fit preuve de tact et de grande sagesse, en élisant comme premier président de la République l'ancien gouverneur désigné par le Comité américain, Joseph Jenkins Roberts, et comme vice-président Nathaniel Brander.

Le président nomma ensuite lui-même un cabinet, composé d'un secrétaire d'Etat, d'un secrétaire du Trésor et de la guerre, d'un secrétaire de l'intérieur, d'un attorney général et d'un grand maître des postes, ministre des travaux publics.

Telle fut l'origine politique de la République de Libéria.

ARTICLE DEUXIÈME

Indépendance de Libéria reconnue par les puissances étrangères. — Présidents et leurs principaux actes. — Emprunt de 1871. — Question des frontières. — 1847-1885.

Peu de semaines après l'élection de Roberts comme premier président de la nouvelle République, le pavillon de Libéria était salué de vingt coups de canon par deux navires de guerre, l'un américain, l'autre anglais.

Dès le 3 janvier 1848, la Chambre législative du nouvel Etat libre tint sa première session, et le président y prononça son discours d'inauguration. Il partit, aussitôt après, pour l'Amérique et l'Europe, afin d'y faire reconnaître le nouvel État. Il était accompagné de deux commissaires : Bewerly Wilson et James S. Peyne, chargés de traiter avec le secrétaire de colonisation de différents points utiles à la jeune République. Le Comité américain lui céda volontiers tous ses droits, à la réserve toutefois d'une partie des terrains acquis, afin de pouvoir continuer son œuvre d'émigration ; et il fit don à Libéria d'une somme de plus de 150.000 francs, pour l'aider à étendre, par des acquisitions, ses limites du nord-ouest, depuis le cap Mount jusqu'à Sherbro. Le président, de son côté, réussit à conclure un traité de commerce très avantageux avec le gouvernement américain, bien que celui-ci ne reconnût pas encore officiellement le nouvel Etat africain.

De l'Amérique, Roberts se rendit en Europe, où il visita successivement l'Angleterre, la France, la Belgique, l'Allemagne et les Pays-Bas. Partout il reçut un accueil très favorable. Et bientôt la reine d'Angleterre faisait don à Libéria d'un gutter de guerre de quatre canons, et la France, grâce à l'intervention de Georges-Washington Lafayette, donnait ordre à ses navires de guerre, sur la côte d'Afrique, de prêter leur concours au président Roberts pour la répression de la traite des noirs.

Ces deux puissances, en effet, la France en particulier, n'avaient pas hésité à reconnaître l'indépendance de la République de Libéria. Et ce noble exemple fut suivi des autres nations européennes, telles que la Belgique, l'Allemagne, les Pays-Bas, le Portugal, l'Italie, l'Autriche, le Danemark, la Suède, la Norvège, Haïti, mais à condition que le nouvel État emploierait tous les moyens en son pouvoir pour l'abolition de la traite. Seule l'Amérique, tout en continuant à protéger la République libérienne, ajourna la reconnaissance de son indépendance, à cause sans doute de certaines difficultés au sujet de l'importation par le gouvernement de l'Union d'esclaves repris et mis en liberté à Libéria.

A peine de retour à Libéria, le président Roberts eut à cœur d'exécuter sa promesse de poursuivre à outrance l'odieux trafic des esclaves. Aussi, dès le mois de février 1849, la frégate française la *Pénélope* étant venue saluer le pavillon de Libéria, une expédition fut résolue, de concert avec la corvette américaine *Yorktown* et le brick anglais *Kingfischer*, pour détruire les établissements nègres qui s'étaient formés à New-Sesters et Trade-town. Le président s'embarqua lui-même sur la flottille avec un détachement de la milice libérienne. La flotte alliée attaqua ces nids de piraterie, et, au bout de peu de temps, 3,500 esclaves recouvrèrent la liberté.

Cependant le moment était venu, pour les Libériens, de procéder pour la seconde fois à l'élection de leur président. Les voix, en totalité, se portèrent de nouveau sur la personne de Roberts, lequel devait encore être réélu en 1851, puis en 1853.

Mais, dès l'année 1849, un nouveau parti politique commença à s'organiser, qui divisa en deux camps la jeune République ; les Républicains et les Whigs, représentant respectivement le parti libéral et le parti conservateur. Les seconds semblent craindre pour l'indépendance et l'existence même de l'État nègre, si on lui donne, dès à présent, des lois plus favorables au commerce et à l'industrie. Les premiers croient, au contraire, le moment venu de donner à Libéria un gouvernement plus libéral, qui favorise davantage les étrangers et leurs institutions, qu'ils estiment devoir être, sous tous les rapports, très avantageuses au pays.

En 1850, le Rév. Dr Gurley, l'ardent protecteur de la colonie, vint de nouveau visiter Libéria ; et, dans son rapport au Comité américain, il dit qu'il avait déjà trouvé une population de 300.000 hommes se pliant aux lois, subissant petit à petit l'influence de l'éducation, et que le commerce, l'agriculture allaient aussi en progressant.

Sous l'administration de Roberts, la République étendit successivement ses limites au nord-ouest, par divers achats, depuis le cap Mount, où se fonda la ville de Roberts-Port, jusqu'à Manna ; de Manna à Manna-Roch ; de Manna-Roch au territoire de Gumbo; de celui-ci à celui de Muttru et de Muttru à la possession du pays de Gallinas. Tous ces territoires sont aujourd'hui contestés par l'Angleterre, qui a cherché, dès 1861, à développer, au sud-ouest, sa colonie de Sierra-Leone, par l'acquisition de l'île Sherbro.

Malgré l'administration prospère de Roberts, on pensa que c'était assez de huit années pour le même président, et Stephen-Allen Benson fut appelé à lui succéder (1855). C'était pour la première fois que le chef de l'Etat se retirait pour rentrer dans la vie privée. Aussi Libéria eut-elle à cœur de faire des démonstrations extraordinaires en honneur de son ancien comme de son nouveau président. Les Monrovians se réunirent au square du gouvernement, qui avait été magnifiquement décoré pour la circonstance. Le président Roberts, prenant le premier la parole, adressa d'une voix ferme et en termes émus ses adieux aux Libériens.

Après avoir témoigné au peuple sa gratitude pour la confiance qu'il n'avait cessé de lui témoigner pendant les huit années de son administration, et protesté de son entier dévouement à la cause de l'Etat, il rappela en peu de mots l'histoire de la jeune République, puis ajouta en terminant : « Je vous laisse l'Etat en voie de prospérité. Mais cette prospérité continuera-t-elle ? Ses nombreuses institutions bienfaisantes se maintiendront-elles? Oui, si les Libériens savent combattre leur orgueil et leur égoïsme. Oui, si les Libériens savent faire primer les intérêts publics sur les intérêts personnels ; s'ils savent supporter sans violence et sans récriminations les divergences d'opinions politiques ; si le gouvernement fait des lois équitables, protégeant les droits personnels de tous les habitants de la République, notamment des indigènes ; si, dans ses relations avec les pouvoirs étrangers, la franchise, la sincérité et la courtoisie existent toujours ; si le pouvoir exécutif est aussi équitable que les lois... »

Sur ce, l'éminent ex-président céda le fauteuil de la présidence à son successeur. Stephen Benson, à son tour, après avoir fait le plus sincère éloge de son prédécesseur, jura qu'il ne négligerait rien pour bien remplir les devoirs de la charge dont la confiance publique venait de l'investir, et présenta comme gage de la prospérité de l'Etat *la foi du pays*, c'est-à-dire qu'il lui donnait pour base le protestantisme ! Fondement peu solide, témoin l'histoire de toutes les nations détachées de l'union catholique.

Stephen-Allen Benson était alors âgé de 38 ans. Il fut de nouveau élu en 1857 par le parti républicain, puis, en 1859 et en 1861, par celui des Whigs.

Durant les deux premières années de sa présidence, Libéria eut plusieurs fois l'occasion de recevoir de beaux témoignages d'encouragement et d'amitié de la part de la

France. L'empereur Napoléon III, non content de faire don, en 1858, à la République africaine d'un millier d'armes et de costumes militaires, lui donna encore en présent un beau navire de guerre l'*Hirondelle*.

Ce navire arriva bien à propos pour un transport de soldats. Il a été dit qu'une autre colonie de nègres affranchis s'était établie, en 1834, au cap des Palmes. A l'exemple de la colonie libérienne, après quelques années passées sous le contrôle de la Société de colonisation, elle finit aussi par se déclarer indépendante. Or, les indigènes ayant refusé de reconnaître ce nouveau gouvernement, les colons, pour les soumettre par la force, sollicitèrent l'appui de la République libérienne. L'ex-président Roberts fut alors envoyé à leur secours, avec l'*Hirondelle* chargée de soldats libériens, et la victoire resta aux colons. La paix conclue, l'État de Maryland-en-Libéria demanda à se réunir à celui de Libéria. Et depuis lors cette République possède de plus le comté de Maryland.

En 1858, un navire français, le « Regina Cœli » arriva sur la côte, dont le but d'engager des Kroomen comme coolis. Or, croyant voir là une tentative pour renouveler la traite, les Libériens pillèrent le navire et massacrèrent tout l'équipage, sauf le médecin du bord, ce qui provoqua des plaintes et des réclamations de la part du gouvernement français. On n'était pas sans craintes. Mais, à la suite d'une enquête, il fut constaté que l'affaire pouvait être considérée comme révolte locale, provoquée par une querelle particulière, sans participation aucune du gouvernement libérien, et la chose en resta là.

Tandis que la République étendait ses frontières, au sud, jusqu'au San Pedro, par l'annexion du pays de Maryland en Libéria, elle vit bientôt ses limites au nord-ouest contestées par l'Angleterre (1860). A cette époque, en effet, la grande Bretagne commença à mettre en doute la souveraineté de Libéria sur les territoires de Manna, de Solyma et des Gallinas. Ils avaient été dûment achetés de leurs chefs respectifs par le président Roberts; mais malheureusement les actes de leur légitime possession par Libéria n'existaient plus, et les chefs mêmes qui avaient signé ces traités croyaient alors avoir intérêt à nier le fait. D'autre part, la colonie anglaise de Sierra-Leone objecta que Libéria ne pouvait, sans grand détriment pour son commerce, avoir recours à la force pour se faire reconnaître par ces peuples. Les Libériens députèrent, en conséquence, leur président Benson auprès du cabinet de Londres, dans le but d'y faire valoir les droits de la République sur les territoires contestés. Une commission fut donc nommée par le gouvernement anglais et par celui de Libéria, pour examiner et résoudre la question sur les lieux mêmes. Mais les commissaires des deux parties n'ayant pu parvenir à s'entendre, la question des frontières resta pendante (avril 1863).

Nous avons vu plus haut l'Amérique différer de reconnaître d'une manière officielle l'Indépendance de Libéria, pendant que celle-ci obtenait la reconnaissance des autres nations. Or, en 1862, un traité passé entre le président des États-Unis et celui de Libéria garantit à celle-ci son indépendance, bien qu'elle fût alors plus ou moins menacée du côté de l'Angleterre.

Sur ces entrefaites, eut lieu une nouvelle élection présidentielle, et Daniel Basile Warner, candidat du parti républicain, fut appelé, par la majorité des votes, à succéder au président Benson (1863). Il devait être élu de nouveau en 1865.

Daniel Warner, né le 19 avril 1815, en Amérique, dans le Maryland, émigra avec ses parents à Libéria dans un âge encore tendre. Il fut successivement élevé au grade de capitaine et nommé député ou représentant (1847). Il remplit en outre les fonctions de secrétaire d'État, sous les deux premiers présidents, et il était âgé de 48 ans, quand il fut appelé lui-même à la présidence.

Les élections de 1867 amenèrent au pouvoir Joseph

Spiggs Peyne. Il naquit à Richemond, en Virginie, le 15 décembre 1819, et émigra avec sa famille à Libéria, en 1829. Il fit ses études dans les écoles de la jeune colonie, et, en 1840, fut reçu ministre méthodiste. Sous son gouvernement eurent lieu les premières explorations d'un intrépide voyageur et géographe, citoyen de Libéria, Benjamin Anderson.

Édouard-Joseph Roye, qui avait été représenté comme candidat à la présidence contre Peyne, nommé par le parti républicain, fut élu, à son tour, par ceux de son parti, en 1869 ; il avait 54 ans. Il reprit, avec le cabinet de Londres, l'affaire pendante des frontières du nord-ouest de Libéria ; et il était à peine de retour à Monrovia, lorsqu'il reçut, du secrétaire des affaires étrangères de Sa Majesté la Reine d'Angleterre, un télégramme, par lequel M. Granville l'assurait que le différend serait examiné d'une manière amicale, et proposait aux Libériens de nommer une commission composée de cinq membres, dont deux du gouvernement anglais, deux de celui de Libéria, et le cinquième des États-Unis, comme arbitre des deux parties. Ce conseil fut suivi, mais la commission ne fonctionna qu'en 1879.

Dans cet intervalle, un traité fut conclu entre le gouvernement Libérien et des banquiers anglais, par lequel ces derniers firent à la République un prêt de 500,000 dollars au taux de 85 à l'intérêt de 7 0[0, remboursable en 15 ans. Et pour le dire en passant, c'est l'année prochaine que doit être remboursée cette somme, dont Libéria n'a pas touché plus d'un dixième peut-être, dont les intérêts ont été payés pendant deux années seulement ! Ce fatal emprunt provoqua dès lors un si vif mécontentement, à Monrovia, contre le président et le secrétaire d'État qui l'avait signé, qu'à leur retour d'Angleterre ils ne se crurent en sûreté qu'en prenant la fuite. Malheureusement la barque sur laquelle se trouvait le président Roye venant à chavirer, il se noya. Quant au secrétaire, il se réfugia à Saint-Paul de

Loanda, et il ne se hasarda à revenir à Monrovia qu'après avoir obtenu la promesse formelle qu'il serait exempt de toute poursuite. Pendant la négociation dudit emprunt, les Libériens eurent encore à soutenir une guerre contre les indigènes des territoires contestés. Ceux-ci furent bientôt mis à la raison par 1,300 soldats. Mais, malgré toutes les précautions prises par la République, trois maisons anglaises établies sur ces territoires réclamèrent à Libéria 848 livres, pour les pertes que cette guerre, disaient-elles, leur avait causées. Nous verrons bientôt une autre factorerie anglaise réclamer, pour un motif analogue, une somme de 80,000 dollars.

Dans cette grave conjoncture, les Libériens eurent le bon sens de rappeler à la tête de la République celui qu'elle peut, à juste titre, considérer comme son fondateur, l'ex-président Roberts. Il reprit sans hésiter les rênes de l'Etat, et bientôt, sous sa ferme et sage administration, l'ordre fut rétabli, les fonctions publiques régularisées; et malgré tant d'épreuves, on vit l'espérance et le courage renaître dans tous les cœurs.

Roberts fut réélu par le parti républicain en 1873. Dans son message annuel, il parla de ses relations avec le cabinet de Londres au sujet des frontières. L'Angleterre était toute disposée à mettre fin à cette question, selon les conditions stipulées par elle en 1870.

A l'expiration de son mandat, en 1875, Roberts, à raison de son grand âge et de l'affaiblissement de sa santé, demanda à ne plus être élu; et J. S. Peyne, qui avait déjà occupé la magistrature suprême, fut de nouveau appelé à la présidence. Deux années après, le différend entre l'Angleterre et Libéria, relativement aux frontières, se compliqua encore de la somme de 80,000 dollars demandée en dommages et intérêts par M. Harris, directeur de la Société commerciale de Soulymah et du Sherbro, qui avait alors une factorerie sur la rivière Manna. Cette factorerie, en effet, avait beaucoup souffert par la présence d'une petite armée envoyée par la République en cette contrée, pour y réprimer le désordre des Gallinas.

Au milieu de toutes ces complications, le président Peyne députa le Rév. Edward W. Blyden, comme ministre plénipotentiaire de Libéria auprès de la cour de Saint-James, pour vider enfin la question des frontières. Le résultat de cette ambassade fut que le comte Derby, secrétaire des affaires étrangères, promit de nommer sans retard la commission proposée à cet effet par l'Angleterre dès 1870. En attendant, les élections de 1877 amenèrent à la présidence Antony William Gardner, dernier survivant parmi les signataires de l'acte d'émancipation de 1847, et âgé alors de 57 ans. Deux années après, il fut encore réélu par les Whigs. Sous son gouvernement, la question des frontières prit une tournure tout à fait décisive de la part du gouvernement anglais. En 1879, sir Havelock, nommé gouverneur des établissements de l'Afrique occidentale et consul britannique près la République de Libéria, voulut enfin mettre un terme à ce différend anglo-libérien. Sur ses instances, la commission proposée depuis si longtemps fut enfin organisée à Sierra-Leone, le 13 février 1879.

Les commissaires anglais et libériens et l'arbitre, le commodore R. W. Shufeld, se réunirent à Soulymah, au nord de Port-Roberts, le 1er avril 1879. La commission fonctionna pendant 25 jours; mais, cette fois encore, ils ne purent s'entendre, excepté sur la somme de 80,000 dollars d'abord demandée comme compensation des dégâts soufferts par des sujets anglais sur la rivière Manna (1871-1877) et qui fut réduite à 40,000. Quant aux autres points en litige, les commissaires anglais refusèrent, contrairement à ce qui avait été convenu, de les soumettre à l'arbitrage du commodore Shufeld, ce qui rendit toute solution impossible. Il paraît que la France, en 1879, voyant Libéria aux prises inégales avec l'Angleterre, lui aurait offert son protectorat; proposition qui aurait été bien accueillie par la République de Libéria et par les Etats-Unis.

Cependant, le 20 mars 1882, les Monroviens furent subitement étonnés de voir ancrer dans leur port quatre navires de guerre anglais : le *Pioneer*, le *Briton*, le *Flirt* et l'*Algerine*, et bientôt après arriver sir Havelock. Il somma la République de Libéria de signer avec l'Angleterre la concession des terrains contestés, bornés maintenant, comme précédemment, non plus à la rivière Manna mais bien à la rivière Marfar, située au cap de Mount, à 6° 47 de latitude. C'était demander environ douze milles de côte de plus qu'il n'avait été antérieurement exigé. Les commissaires libériens, que le président Gardner avait députés auprès du gouvernement de Sierra-Leone, résistèrent énergiquement à une telle prétention. Sur quoi, M. Havelock se déclara disposé à recommander à son gouvernement l'adoption de la rivière Manna.

Le président Gardner acquiesça à cette mesure, sauf ratification par le Sénat. Or, celui-ci, dans une session extraordinaire du 10 avril, décréta, à l'unanimité, que le président ne devait pas accepter la proposition du gouvernement anglais, fixant les confins du nord-ouest de la République au cap de Mount ou à la rivière de Manna, et qu'il ne devait signer aucun traité consacrant l'abandon de quelque partie du territoire, sous n'importe quel prétexte.

Sur ce, le 15 juin, le gouvernement de Libéria reçut une dépêche par laquelle M. Havelock demandait la ratification de la convention passée, en mars dernier, entre lui et les deux commissaires libériens, et puis acceptée provisoirement par le président.

Dans sa session annuelle (4 décembre 1882), le Corps législatif fit signifier au gouverneur de Sierra-Leone qu'il ne pouvait signer une telle convention, et le 6, il vota une déclaration, dont voici un extrait :

« Le Sénat prend fortement à cœur cette importante question et désire qu'il y soit donné une solution de nature à satisfaire à la fois et le gouvernement de S. M. la reine et celui de Libéria. Mais il peut d'autant moins donner son assentiment, que les conditions de la convention de mars sont inacceptables. Le Sénat est persuadé que les droits du gouvernement sur tous les territoires en question sont légitimes. Cependant, il est prêt à les soumettre au jugement de l'arbitre des Etats-Unis d'Amérique, ou à la décision des grandes puissances. Consentir à ce que la frontière fût fixée à la rivière Marfar, serait non seulement douter de la validité de nos prétentions, mais même les désavouer. »

Le 28 mars 1883, le gouvernement libérien recevait de sir Havelock, en réponse à la précédente déclaration, l'annonce de la prise de possession par le gouvernement de S. M. la reine de tout le territoire situé jusqu'au nord de la rivière Manna. Mais la République libérienne a toujours protesté contre cette occupation. Et présentement encore deux commissaires habiles, nommés par le président lui-même, MM. H. W. Grimes et Benjamin Anderson, sont sur le point de partir pour Sierra-Leone, avec pleins pouvoirs de trancher l'interminable question des frontières contestées.

Le président Gardner, découragé par ces terribles épreuves, quitta le pouvoir devenu désormais trop lourd pour son grand âge, et remit le fardeau à son vice-président, Alfred F. Russel, jusqu'aux nouvelles élections de 1883. Celles-ci appelèrent à la présidence, au milieu de l'allégresse générale, Hilary Richard Wright Johnson, originaire de Monrovia, et fils du célèbre et vaillant Elija Johnson. Les premières années de sa présidence ne furent cependant pas sans épreuves. Après une guerre contre les indigènes Kursors, aux environs de cap Mount, il eut, l'an dernier, à réprimer une révolte des Libériens eux-mêmes, à Grand-Bassa.

Telle est, sommairement, l'histoire de Libéria, au point de vue politique, depuis la déclaration de son indépendance en 1847, jusqu'au 11 décembre 1885.

DEUXIÈME PARTIE

—

APERÇU DE L'ÉTAT ÉCONOMIQUE DE LIBÉRIA

L'histoire politique de Libéria, qui vient d'être esquissée, demande, ce semble, quelques détails complémentaires concernant la population, le sol, le commerce, l'industrie et l'état financier de la jeune république.

ARTICLE PREMIER

Population

Elle est évaluée à 1,500,000 nègres, tant indigènes qu'émigrés d'Amérique. Depuis soixante-trois ans, la Société de colonisation d'Amérique a transporté et établi à Libéria, qui est, du reste, son œuvre, plus de 15,575 personnes de couleur affranchies. De son côté, le gouvernement des Etats-Unis a donné asile sur le sol de la République libérienne à plus de 5,722 esclaves noirs, enlevés par ses navires aux négriers et mis en liberté par l'Etat depuis 1819 ; ce qui fait un total de 21,297 Libériens américains ramenés dans leur pays d'origine. Sur 173 traversées d'Amérique à Libéria, on n'a pas souvenir d'un seul navire qui ait été perdu. La Société de colonisation a dépensé plus de 115 millions de francs pour le transport des nègres affranchis d'Amérique en Afrique, et pour leur établissement à Libéria. Chaque émigrant coûte à la Société 100 dollars, dont 50 pour son passage et autant pour son établissement dans la République. D'après une loi établie en faveur des émigrés, chacun d'eux, à son arrivée, reçoit 2 lots ou 10 acres de terrain, qui deviennent sa propriété ; et, s'il est père de famille, il lui est accordé une quantité de terrain plus grande, en rapport avec le nombre des membres de sa famille, mais qui jamais cependant ne dépasse 25 acres. La Société s'engage, en outre, à subvenir à la subsistance de chaque émigré durant les six premiers mois qui suivent son arrivée à Libéria.

Comme déjà on a pu le constater, les indigènes forment la partie la plus nombreuse de la population de la République. C'est aussi la plus intéressante à tous les points de vue. On les classe en diverses tribus dont voici les principales : les Pessehs, les Golahs, les Veys, les Mandingues, les Bassas, les Kroos, les Greboes, les Deys et les Queahs.

La religion du plus grand nombre des indigènes paraît être celle de Mahomet. La majorité des autres habitants est païenne ; les protestants sont en petit nombre, relativement.

La tribu des Pessehs, qui est considérée comme la plus grande, s'occupe de culture et possède des fermes ; ses noirs sont très estimés comme infatigables laboureurs et ouvriers.

Les Mandingoes forment la classe commerciale des indigènes de Libéria et sont aussi les plus ardents promoteurs du Coran. Ils sont, du reste, très entreprenants. Après eux viennent les Veys, qui occupent la partie nord-ouest de Libéria et s'étendent au sud-ouest vers l'intérieur. Le pays qu'ils habitent sur la côte fait partie des territoires contestés par l'Angleterre pour sa colonie de Sierra-Leone. Ils sont très intelligents, et la preuve, c'est qu'ils sont d'eux-mêmes parvenus à représenter par des caractères alphabétiques leur propre langue. Chaque caractère a le son d'une syllabe ; leurs livres ou manuscrits se lisent de droite à gauche. Ils ont établi des écoles pour les enfants. Quant à la religion, ils sont, en général, païens, et leur tribu forme comme la limite de l'islamisme sur la côte de Libéria.

Vient ensuite la tribu des Kroos, regardée comme la plus importante. Les Kroos sont comme les matelots indigènes de toute la côte, aussi les rencontre-t-on sur tout le littoral. Sans eux il serait presque impossible de naviguer sur cette partie de la mer.

Les habitants du pays de Kroo, aux environs du cap des Palmes, dans le comté de Sinou, ou les Krooboys, dit le colonel van den Bagaert, qui visita Libéria en 1880, sont de fidèles et bons travailleurs, aussi forts que braves, qui jouissent d'une grande réputation en Afrique. On vient les engager pour toutes les factoreries de la côte, et aussi pour faire le service sur les steamers. Ces engagements, réglés par une loi de Libéria, dite « Shipping law », sont à terme, pour un lieu déterminé, avec rapatriement. De là vient que, l'année dernière, le président Johnson refusa des Krooboys au capitaine d'un navire de guerre anglais, parce qu'ils étaient demandés pour la guerre d'Angleterre en Egypte.

En rentrant dans leurs villages, les Kroos font un cadeau à leur roi ou chef, et, souvent, en attendant la prochaine occasion de se rengager, ils dissipent leur petit avoir, particulièrement en procès, car ils sont très querelleurs.

Quant à la religion, tout en croyant à un Être suprême et à une vie future, ils montrent la plus grande indifférence. J'avoue cependant qu'ils ne sont pas indifférents à la voix du prêtre, comme j'ai pu moi-même le constater dans mes instructions et catéchismes. Malheureusement, ils sont très nomades, ce qui entrave beaucoup le travail de leur évangélisation.

La richesse d'un Kroo est estimée par le nombre de ses femmes ; il en est qui en comptent jusqu'à plus de trente. Quant au tatouage par lequel se distinguent les gens de cette tribu, j'en ai déjà parlé dans un rapport précédent.

J'ajouterai seulement que leur nom de Kroo vient du mot anglais *crews*, qui signifie, dans ce cas, équipage. Car dès que la traite fut introduite dans cette partie de la côte, comme les marchands de chair humaine avaient besoin du concours des indigènes mêmes pour leur hideux trafic, ils engagèrent sur la côte des Graines ceux des noirs auxquels ils accordèrent l'immunité de l'esclavage. Ils les considéraient, en effet, comme faisant partie de leur équipage *crews*, d'où leur nom de Kroos, Crewmen ou Kroomen. Pour se faire distinguer des autres noirs, ils étaient obligés de se faire une marque au milieu du front, et ils la portent encore aujourd'hui, bien que cette distinction n'ait plus de raison d'être.

La tribu des Bassas a sa mission spéciale : elle se charge de fournir à la république une certaine quantité d'huile de palme, du camwood et de l'ivoire.

Quant aux Golahs, aux Deys, aux Queahs, et surtout aux Greboes, on peut dire que ce sont d'intrépides soldats, qui sont toujours disposés à la révolte et à la guerre.

Les colons eurent souvent à lutter contre les Deys, qui habitaient le cap Montserrado et ses alentours. On leur attribue un caractère cruel, enclin à la supercherie, des mœurs très dissolues. Ils étaient soutenus dans ces guerres par les Queahs.

Depuis l'année 1856 jusqu'à nos jours, la république de Libéria a été fréquemment troublée par les difficultés que lui ont suscitées les indomptables Greboes; ce furent eux qui occasionnèrent l'union de l'État de Maryland avec la république de Libéria (1856). Le premier, étant trop faible pour leur résister, crut en effet ne pouvoir en triompher qu'en s'unissant à la république africaine; depuis, il sollicita souvent sa protection.

Actuellement, l'Etat de Libéria est surtout troublé par deux autres tribus, celles des Fishermen et des Korsors. Les premiers prétendent avoir reçu de l'être suprême la suprématie sur la mer. De là, quiconque se hasarde à naviguer dans leurs parages risque beaucoup d'être tué ou pillé; ce qui entrave le commerce de Libéria et peut lui susciter de graves difficultés de la part des puissances étrangères.

Or, l'an dernier, ces mêmes Fishermen, les Bittars et les Carbors ayant eu quelque différend entre eux, s'attaquèrent mutuellement et obligèrent le gouvernement à expédier contre eux une grande partie de la milice. Les soldats libériens réussirent à rétablir la paix; mais on croit généralement que ce ne sera pas pour longtemps. Tous ces peuples en général sont très remuants. Ainsi, lorsque le président actuel vint au pouvoir, il trouva le cap de Mount en guerre. C'étaient les Korsors, qui, sur la provocation d'un chef des environs de ce cap, étaient venus lui faire la guerre de l'intérieur du pays des Gallinas. Vainqueurs, ils auraient poussé leurs dévastations jusqu'à Monrovia, si un détachement du premier régiment n'eût pas été expédié contre eux.

Quant à la position géographique de ces tribus sur les territoires contestés par Sierra Leone, celle des Veys ou Feys, est située entre la tribu des Gallinas et le cap Mount. Elle comprend un district de 50 milles le long de la côte, et occupe de 25 à 30 milles dans l'intérieur; sa population a été estimée de 12 à 15,000 nègres.

Entre le cap de Mount et Montserrado, sur une étendue de 50 milles, est placée la tribu des Deys, dont la population est de 6 à 8,000. Elle s'avance de 12 milles dans l'intérieur.

A partir du cap Montserrado jusqu'aux confins Sud-Est de la république, sont échelonnées différentes autres tribus, qui ont pour caractère commun d'être pacifiques et laborieuses. On porte le nombre de leurs habitants à 125,000; elles forment comme deux principales tribus : celle des Bassas et celle des Kroos.

ARTICLE DEUXIÈME

Constitution du territoire

La divine Providence n'a pas seulement pourvu aux progrès de Libéria, en lui présentant une population indigène laborieuse, intelligente, industrieuse et courageuse; elle a encore placé le jeune État dans une région réputée l'une des plus fertiles et des plus saines de la côte occidentale d'Afrique.

Le degré de fertilité des terres de Libéria dépend cependant beaucoup de leur situation. Ainsi les terrains qui bordent les rivières sont estimés les meilleurs. Ils sont généralement humides, d'un aspect noirâtre, exempts de roches ou de pierres, et très propres à la culture des végétaux. Viennent en seconde ligne, sous le rapport de la fécondité, les terres qui forment le littoral de l'Océan. Elles sont généralement sablonneuses et très chaudes. Elles demandent à recevoir de l'engrais; on en est bientôt dédommagé par une récolte abondante de patates douces, de haricots, de cassave, et de fruits succulents.

Les terrains compris entre les deux zones précédentes forment une troisième division. On y rencontre beaucoup d'argile, quelquefois pure, quelquefois mélangée de gros sable. Inutile d'ajouter qu'on en tirera d'autant plus de profit, qu'on y aura employé plus d'engrais.

Ces trois sortes de terrain sont situées entre l'Océan et les montagnes. On peut donc les classer sous cette dénomination générale : Basses terres. Par contre, nous appellerons naturellement Hautes terres, celles qui occupent une région plus élevée. Ces dernières peuvent, en raison de leur fertilité et de leur constitution, être divisées en deux parties. Celles qui s'étendent au pied des montagnes apparaissent sous un aspect rougeâtre; elles sont formées d'argile mêlée de rochers, de pierres et de sable. Cet aspect rougeâtre leur vient des minéraux qu'elles recèlent. Peut-être même, si elles étaient exploitées, y découvrirait-on des mines d'or. Cette supposition n'est pas hasardée, attendu que, depuis 1850, la poudre d'or est, pour Libéria, un article d'exportation. Les indigènes eux-mêmes signalèrent au voyageur libérien, Benjamin Anderson, l'existence de riches mines d'or à Bouley. Bien avant déjà, deux voyageurs français, Paleys et David, qui visitèrent la côte, d'après les ordres de l'ancienne Compagnie des Indes, relatent qu'à Natakon et à Semeyla, pour livre de terre brute, on peut avoir jusqu'à 140 1/2 grains d'or.

Enfin vient le terrain entièrement rocailleux, situé sur les montagnes mêmes, qui, lui aussi, est loin d'être improductif. Car c'est sur cette sorte de terre que poussent les meilleurs arbres de Libéria. Ils forment d'immenses forêts, dont l'exploitation ne peut être qu'une source de revenus incalculables pour la République.

Hâtons-nous d'ajouter que la richesse du sol de Libéria est admirablement favorisée par le climat : la température y est presque uniforme, tant le jour que la nuit, dans la saison des pluies, comme dans celle des chaleurs. Elles n'y sont d'ailleurs jamais insupportables, et la différence des degrés n'excède pas 7, dans l'ensemble des jours de l'année.

ARTICLE TROISIÈME

Principales productions

« Le caféier, lisons-nous dans un rapport du pasteur Gurley, en date du 1850, croît naturellement dans les forêts de Libéria, et donne des produits qui peuvent être comparés à l'Ymen, connu sous le nom de café moka. Il suffit de brûler la terre après un léger labour, et d'y planter des boutures de caféier indigène. Au bout de trois ans, on récolte trois à quatre livres de café par pied, et après six ans, on obtient le maximum de production, qui est de six livres anglaises en moyenne ». — « Le caféier de Libéria, écrivait aussi, en 1873, M. le lieutenant de vaisseau français Bernard, est d'excellente qualité. Sa réputation sur le marché européen ne fera que grandir à mesure qu'il sera mieux connu ».

Le caféier croît à Libéria, dans les terrains humides, sous forme de véritables arbres, et l'on en rencontre dans les forêts qui ont plus de 30 pieds de hauteur. Il est donc de beaucoup plus grand que le caféier d'Arabie; il est aussi beaucoup plus riche en produits. Ainsi l'on a vu une caféière d'un are de terre produire 1,500 livres anglaises. On raconte même le fait suivant, qui est vraiment prodigieux : A Ceylan, où le caféier libérien a été transporté, il paraît qu'un seul pied a rapporté jusqu'à douze mille graines. Or, chaque graine a été vendue un schelling, tant est grande, à l'étranger, la réputation du café de Monrovia. Aussi a-t-il été introduit dans le Vénézuela, au Brésil, en Australie, à Guatemala, à Queensland, à Fiji, à la Jamaïque, à la Guadeloupe et à Saint-Domingue, où son origine est due à plusieurs boutures d'un pied qui avait poussé dans les jardins royaux d'Angleterre, à Kero (1872). Et, chose remarquable, jusqu'à présent le caféier libérien a toujours été respecté par les vers blancs, qui ont détruit tant de caféiers en Arabie et dans les Indes.

Quant à l'origine du café de Libéria, il y avait autrefois deux opinions à cet égard, les uns prétendant qu'il était de provenance portugaise, les autres, qu'il était originaire du sol libérien. Cette dernière opinion prévaut aujourd'hui.

Le caoutchouc acquiert aussi, chaque jour, une grande importance à Libéria. Il s'obtient, comme on le sait, au moyen d'incisions pratiquées dans le tronc ou la tige d'une grande variété d'arbres et de lianes. Le végétal qui en produit le plus à Libéria, et en général sur la côte d'Afrique, est le Landolphia florida. Malheureusement les indigènes ne savent pas l'exploiter ; ils font l'incision au collet même de la plante, ce qui non seulement diminue son rapport, mais l'endommage gravement, et souvent aussi le fait périr.

Amandes de Palme. — A partir du Sherbro jusqu'au Niger, se développent d'immenses forêts ; ce sont les Elais Guincensis qui produisent la noix de palme. Tout le monde sait que ce fruit renferme deux huiles différentes, l'une extraite de la pulpe, et l'autre de l'amande ; la première est rougeâtre, liquide et très odorante; la deuxième est blanche et solide. Pour arriver à ce double résultat, les Noirs pilent les fruits dans de grands mortiers en bois, et parviennent ainsi à séparer l'enveloppe extérieure du noyau qu'elle recouvre, d'où résulte une pâte qu'ils additionnent ensuite d'une certaine quantité d'eau ; puis ils font bouillir le tout de manière à faire surnager l'huile, laquelle se fige en se refroidissant.

Il serait trop long de donner ici de plus amples détails sur les autres principaux produits du pays. Citons cependant au moins les noms de quelques-uns d'entre eux, tels que la canne à sucre, la gomme copal, le gingembre, les arachides, le cacao, le riz africain, quelques tissus de coton, quelques cuirs, le camwood (bois de teinture rouge). Tous ces produits sont autant d'articles d'exportation.

ARTICLE QUATRIÈME

Commerce

D'année en année, les transactions commerciales prennent une importance considérable, et le commerce va toujours se développant à Libéria. Ainsi les recettes de l'Etat, qui proviennent presque totalement des droits de douane, vont en augmentant chaque année, et les revenus de la République s'élèvent à une somme toujours plus importante. Il est toutefois à regretter que le commerce ne soit pas plus encouragé encore par la constitution même qui régit actuellement Libéria. En effet, comme on l'a déjà vu, les Blancs sont inhabiles à y acquérir des propriétés immobilières.

En échange des articles d'exportation, les sociétés étrangères de commerce à Libéria, auxquelles nous devons joindre les voiliers des Etats-Unis d'Amérique, y apportent comme objets d'importation, tous les articles qui entrent dans le commerce de toute la côte, en fait de provisions, de mercerie, de quincaillerie, liqueurs spiritueuses, bois de construction, venant surtout d'Amérique, etc., etc.

Relativement aux communications avec l'étranger, elles sont assez fréquentes. Outre *l'anglo-africain steam ship Company*, les steamers de la société de Hambourg, deux autres nouvelles lignes de navigation et les navires à voiles des Etats-Unis et de Hollande, font le service régulier de navigation entre Libéria et les autres parties du monde.

En 1879, la République libérienne a adhéré à la convention postale internationale. L'année dernière, 1884, elle fut officiellement invitée à prendre part ou à se faire représenter à deux expositions, qui ont eu lieu en Belgique et aux Etats-Unis, à la Nouvelle-Orléans. En outre, dans le message du président à l'Assemblée législative de décembre 1883, on lisait : « Un traité est négocié actuellement entre Libéria et la Belgique pour développer rapidement leurs relations de commerce. Grâce au dévouement et à l'esprit d'entreprise du consul général de Libéria à Anvers, le baron Von Stein, il est à espérer qu'un commerce actif s'établira entre la Belgique et nos côtes, et que l'attention de l'association internationale, dont le roi des Belges est l'illustre Président, se portera vers cette partie de l'Afrique. » On sait, en effet, que le roi Léopold s'intéresse tout spécialement aux progrès de la république de Libéria. C'est même d'après le désir de sa Majesté, qu'en 1884, M. le colonel Wauwermans, président de la société royale de géographie d'Anvers, a écrit et publié une petite brochure sur Libéria, intitulée : « *Les premices de l'œuvre d'émancipation africaine Libéria, fondation d'un Etat nègre libre.*

Tout dernièrement encore, d'autres traités très importants viennent d'être négociés entre la République de Libéria, l'Espagne et le Portugal, grâce à l'intelligente et heureuse intervention de M. le comte de Senmarti.

ARTICLE CINQUIÈME

Industrie

« L'industrie de Libéria, dit le colonel de Wauwermans, reste encore à l'état rudimentaire. Tous les objets de consommation, les vêtements, meubles, vivres, armes, poudre, papiers, etc., proviennent d'importation. Des efforts ont été faits, cependant, pour développer la fabrication. Depuis 1858, une loi a institué des expositions annuelles des produits de l'agriculture, de l'industrie manufacturière et des arts, qui se tiennent dans les divers chefs-lieux de comté. Des prix, variant d'un demi à 20 dollars, sont accordés aux producteurs des meilleures denrées, aux fabricants des meilleurs produits manufacturiers. »

On trouve actuellement à Libéria de petites fabriques de pots de terre, de bols indigènes, de sucre en cassonade et de chocolat. Et des manufactures de tissus de coton viennent d'y être établies.

Dans le but de donner un nouvel essor à l'industrie, une société est fondée à Monrovia, sous le titre de « Société de mécanique et des arts. »

ARTICLE SIXIÈME

Finances

On peut évaluer le revenu annuel de Libéria à 25.000 livres. Les sources de ces revenus sont, comme déjà nous l'avons dit, réduites à certains droits de douane et au produit de quelques facultés accordées au commerce, à un impôt d'un demi p. 100 sur toute valeur déterminée, à un impôt personnel d'un dollar par tête, enfin à des amendes militaires. Mais le système adopté par le gouvernement pour la collection des revenus de l'Etat donne lieu à des abus qui échappent au fisc central. C'est ainsi qu'en 1882, au témoignage du président Gardner lui-même, dans son message, les deux tiers seulement du revenu total avaient été recueillis. Le même président attirait aussi l'attention de la Chambre et du Sénat sur le retard que mettaient les officiers collecteurs dans l'accomplissement de leur office. L'an dernier, le président actuel, Johnson, portait une plainte d'un autre genre : « Une difficulté considérable, dit son Excellence, est constatée dans la collection du revenu par le fait qu'en cas de passages douteux de la loi, les officiers chargés de recueillir les droits ou impôts vont chercher leur interprétation à différentes sources; ce qui donne souvent lieu à des conflits d'opinion et d'action. Quoique, maintes et maintes fois, des ordres aient été donnés pour référer ces questions douteuses au chef du bureau pour une solution, il semble difficile de remédier à ce mal. »

A défaut de monnaie, tout le commerce se fait par voie d'échange à l'intérieur; il n'a pas été possible jusqu'ici d'établir d'autres bases d'impôt. Un papier-monnaie a été créé, il est vrai ; mais, outre qu'il n'a de cours que dans les villes, comme il ne représente aucune valeur réelle (la République n'ayant pas pu arriver encore à se former un capital), ce papier-monnaie inspire de plus en plus la défiance, et si, dans peu d'années, il en reste encore, il sera hors de toute transaction commerciale et considéré comme nul.

L'Etat lui-même n'est pas sans le prévoir; aussi s'efforce-t-il, depuis quelques années, d'en limiter la circulation. Ainsi, l'an dernier, la moitié environ de ces papiers a été détruite. Mais cela a aussi l'inconvénient de diminuer les revenus de l'Etat, et par suite d'augmenter la dette publique. Il ne m'appartient pas de m'ingérer dans cette question des finances de la République Libérienne ; mais, dans mon amour désintéressé pour le pays, si j'avais un vœu à former, ce serait que des vues plus larges réglassent la question du commerce et des transactions, tant à l'intérieur qu'au dehors, fallût-il pour cela attendre des occasions plus favorables, et en s'environnant d'ailleurs de toutes les garanties nécessaires.

TROISIÈME PARTIE

APERÇU SUR LA SITUATION MORALE DE LIBÉRIA

ARTICLE PREMIER

Caractère libérien

D'après tout ce qui précède, il ne sera pas difficile, ce semble, de se former une idée du degré de civilisation qui caractérise ce petit Etat africain. Les écrivains de nos jours le représentent comme à demi sauvage et à demi civilisé. Pour moi, sur cette question délicate, je me contenterai de relater quelques faits, où le caractère libérien se dépeint, pour ainsi dire, lui-même.

En 1823, une douzaine de colons des plus influents méconnurent l'autorité de l'agent Ayres, dans la répartition des lots des terrains acquis, et celle d'Ashmun lui-même. Non contents de lui refuser l'obéissance, ils cherchèrent même à exciter contre lui une révolte générale. L'agent, croyant pouvoir les ramener à de meilleurs sentiments, publia la note suivante : « Il se trouve actuellement dans la colonie plus de douze personnes bien portantes qui ne recevront plus de provision du magasin public. » Mais cette note produisit l'effet contraire. Dès le jour qu'elle fut mise à exécution (19 décembre 1823), les mécontents se réunirent devant la maison de l'agent, puis, s'étant dirigés vers le magasin public des provisions, s'y livrèrent au pillage. Dès le soir même, Ashmun adressa une circulaire à tous les colons pour leur faire connaître ces odieux procédés, et les rappeler à l'obéissance et au travail auxquels ils s'étaient engagés vis-à-vis de la société de colonisation, etc.

Le bon effet de cette leçon ne fut pas de longue durée. Deux mois après, le 13 février 1824, le navire le *Cyrus* amenait 105 émigrants de la Virginie, à chacun desquels fut donné un lot de terre. Or, ce fut une occasion de mécontement et de murmures de la part des plus anciens colons, qui croyaient avoir des droits exclusifs sur le tout. En mille circonstances, l'autorité de l'agent était ainsi méconnue par ce peuple, qui ne connaissait guère encore de la liberté que la licence, bien qu'elle en soit le plus étrange abus.

Un certain nombre, ne vivant que dans l'esprit d'insubordination et la paresse, s'efforçaient d'entraîner les autres, et ceux-ci n'étaient pas, hélas ! difficiles à gagner. Aussi, le 22 mars de cette même année, Ashmun, ayant fait comparaître en sa présence les principaux meneurs, leur dit en substance, du ton le plus solennel : « Vous négligez vos devoirs; continuez si vous le voulez, et cela suffira pour attirer de grandes calamités sur vous et sur vos familles. Si vous aviez obéi au gouvernement que vous avez promis de soutenir et de servir, chacun de vous serait déjà à même, aujourd'hui, de goûter les douceurs et les agréments de la prospérité, et vous voilà dénués de tout; vos terres sont incultes. Aujourd'hui, vous commencez à sentir les étreintes de la misère; demain ce sera pire encore. Oui, négligez encore vos devoirs, et bientôt, croyez-moi, vous tomberez victimes de la famine. Ou l'autorité des Etats-Unis et de la Société de colonisation sera rétablie dans toute sa perfection sur ce Cap, ou vous périrez, si vous n'en êtes pas expulsés. L'union, voilà notre soutien; la désunion, voilà notre ruine. Je vous demande donc, non de faire un nouveau serment, mais, en présence de

Dieu, qui connaît au ciel tous vos vœux, de reconnaitre et ratifier vos premiers serments et de jurer d'y être fidèles à l'avenir. Je vous le demande, et je l'exige de chacun de vous, si vous ne voulez pas que la Société vous abandonne entièrement à votre malheureux sort. »

Cette harangue produisit le plus heureux résultat ; les perturbateurs accédèrent au désir de l'agent et la paix sembla renaître dans la petite colonie. Mais, hélas ! le mal était trop profond pour pouvoir disparaître tout de suite, et déjà nous l'avons dit, pendant qu'Ashmun prenait un peu de repos au Cap Vert, quelques colons ne craignirent pas d'envoyer aux Etats-Unis de faux rapports sur son compte, l'accusant d'oppression, de négligence dans ses devoirs, de désertion de son poste ; ils allaient même jusqu'à lui reprocher d'accaparer les fonds de la colonie... Deux années après (1826), nous trouvons encore des traces d'insubordination de la part des Libériens, qui refusèrent de payer la modique somme de deux dollars imposée par lui, et voulurent même lui faire accepter de force un sous-agent, qu'il dut rejeter.

Ces désordres et autres s'expliquent d'ailleurs sans peine. Un grand nombre des émigrés avaient été élevés dans l'esclavage, et une fois affranchis et transportés dans une autre contrée à l'effet de sauvegarder leur liberté, ils se sont crus en droit de se soustraire à toute contrainte légitime et aux lois nécessaires pour les gouverner. Pour eux, comme pour tant d'autres, hélas ! la liberté était synonyme d'indépendance absolue. Et plût à Dieu, qu'aujourd'hui encore, il ne restât plus à Libéria de traces de cette fausse notion de la liberté ! D'autre part, les épreuves, les privations et les souffrances de tout genre auxquelles fut d'abord soumise la colonie, ne contribuèrent pas peu à fomenter parmi les colons l'esprit de mécontentement et de désunion, d'autant qu'à cette époque le gouvernement, encore faible, n'était pas en mesure de faire face à toutes les exigences du pays, ni même, en cas de nécessité, d'user efficacement de son autorité, pour faire respecter et observer les lois.

La période de dix années environ qui s'écoula depuis le départ d'Ashmun jusqu'au gouverneur Buchanan, fut particulièrement désastreuse, par suite des changements fréquemment occasionnés par les fièvres parmi les agents du gouvernement. Une sorte de découragement s'empara des colons, qui s'exemptaient le plus possible du travail, mais sans vouloir, toutefois, sacrifier rien de leur vanité et de leurs plaisirs. Sur quoi un journal de la colonie, le *Libéria Herald*, ne craignait pas de s'exprimer ainsi... « Tous veulent bien travailler, mais à la condition que ce sera sur une large échelle et d'une manière honorable, et qu'il y aura espoir de faire fortune en peu de temps ; c'est-à-dire que tous veulent travailler s'ils peuvent faire exécuter leur travail par d'autres, tandis qu'eux-mêmes seront à ne rien faire, excepté à donner des ordres. » « Puissions-nous, dit encore cette feuille, pour stigmatiser les recherches de la sensualité et de la vanité, puissions-nous vaincre notre orgueil, et, pendant quelques années, nous contenter, en fait de provisions ou d'objets de toilette, des quelques ressources produites par notre sol et par notre industrie ! » Hélas! pourrions-nous ajouter, aujourd'hui encore, comme en 1837, tandis que la culture est négligée par un trop grand nombre de Libériens, ici plus qu'en aucun autre endroit de l'Afrique peut-être, apparaît un scandaleux étalage de toilette, et cela, de la part même de personnes qui ne se procurent toujours pas sans peine les choses les plus nécessaires à la vie.

A présent comme autrefois, les Libériens ont à cœur la prospérité de leur pays, mais l'initiative et l'exécution personnelle leur font encore trop souvent défaut. Il s'est formé différentes sociétés, soit pour favoriser l'agriculture et l'industrie, soit même pour encourager la littérature et les bonnes mœurs; mais la plupart des statuts de ces sociétés n'étant guère pratiques restèrent, par suite, sans effet.

Mentionnons cependant la Société de tempérance, qui, depuis 1882, s'est assez solidement établie. Il ne sera peut-être pas sans intérêt de donner ici un extrait de sa constitution. On y lit :

Article premier : Comme l'observation et l'expérience nous démontrent clairement que le grand péché de l'intempérance menace la vie de notre église et du gouvernement, nous jurons de nous abstenir de toutes liqueurs enivrantes, comme chrétiens et comme membres de la Société de tempérance.

Art. II. — Le but de la Société est d'obtenir la suppression de l'intempérance, en abolissant la fabrication, la vente et l'usage de toute liqueur alcoolique prise comme boisson.

Moyens principaux. — 1° Correction et admonition privée, et, s'il n'y a pas d'amendement, exclusion de la Société ; 2° Prière commune parmi les membres, chaque troisième samedi du mois, pour obtenir de Dieu : 1° le salut de tous les ivrognes et de leurs familles ; 2° la grâce, pour chaque membre de la Société, d'être fidèle à sa promesse ; 3° la délivrance pour notre pays du péché d'ivresse ; 4° l'abstention de ce péché de la part des enfants et de la jeunesse, afin qu'ils deviennent de véritables imitateurs du Christ !

Certes, le but de cette Société de tempérance mérite bien l'encouragement de tous ceux qui désirent l'accroissement des bonnes mœurs, et de nous en particulier, qui avons à cœur de travailler au salut des âmes. Mais, à cet égard, nous avons entendu plus d'une personne grave regretter ce qu'il y a, ce semble, d'un peu trop absolu dans ces statuts, pour le pays. De là, en effet, certaine dépréciation de la Société, et, d'autre part, exaspération parmi ceux qui fabriquent ou vendent les liqueurs, et qui n'en sont que plus ardents pour en étendre le débit. Ce qui peut favoriser le vice même que l'on veut combattre, d'autant que les membres de ladite Société, n'allant pas puiser la force dans les sacrements de Pénitence et d'Eucharistie, n'ont d'autre appui et encouragement que leur propre conscience. Quelle différence, à cet égard, avec les anciennes sociétés de tempérance établies en Europe, et dont l'initiative est due à l'Eglise catholique !

Un nouvel Ordre s'est fondé à Libéria, en 1879, dans le but de promouvoir la civilisation et l'extension du christianisme parmi les tribus voisines. C'est l'Ordre de la Rédemption africaine, qui a été reconnue comme décoration nationale par toutes les puissances en relations amicales avec Libéria, sauf la France, par suite, sans doute, d'une méprise sur le but de cet Ordre. Ce qui montre combien il est important, pour une nation naissante comme celle de Libéria, d'être dignement représentée auprès des grandes puissances, pour en avoir l'appui.

Aucun des détails qui précèdent ne m'a paru inutile pour faire apprécier à sa juste valeur le bien que la Mission catholique est appelée à réaliser à Libéria. Il n'y a pas à se faire illusion, le travail est rude et demande beaucoup de patience, de constance et d'abnégation ; mais nous avons pleine confiance dans les promesses de Notre-Seigneur à ses apôtres et à leurs légitimes successeurs, d'être avec eux toujours, par son Divin Esprit, pour les aider à dissiper les ténèbres de l'erreur et à établir son règne parmi toutes les nations. Puisse la grâce divine, secondée par les efforts des prêtres missionnaires, faire, un jour, de Libéria une nation sainte, *gens sancta*, c'est-à-dire une nation qui sache connaître et pratiquer la sobriété, la simplicité et la modestie ; une nation soumise à l'autorité, industrieuse et laborieuse, et qui, par dessus tout, ait à cœur de respecter le droit le plus sacré de la famille et de la société : l'*indissolubilité du mariage*. Or, Libéria ne peut devenir tout cela, témoin l'exemple de tous les peuples nouveaux parvenus à la vraie civilisation, qu'en rentrant dans l'unité catholique.

ARTICLE DEUXIÈME

Aperçu historique sur l'état religieux de Libéria.

I. PROTESTANTISME. — Le protestantisme s'est implanté sur la côte d'Afrique présentement occupée par la République de Libéria, avec l'arrivée en ce pays des colons américains. On trouve actuellement, à Libéria, des Baptistes, des Méthodistes, des Presbytériens, des Episcopaliens, des Luthériens, des Congrégationaux, etc., etc.

Depuis le commencement de la colonie jusqu'en 1824, une seule petite église, dont le toit était en bambou, servait de lieu de prière pour tous les colons, sans distinction de sectes. L'unique pasteur de cette église était Lott Carry, ministre baptiste. Il arriva dans la colonie en 1821, avec cinq ou six autres de ses coreligionnaires. Avant de quitter les Etats-Unis, ils s'étaient organisés, à Richemond, comme membres d'une même église baptiste, sous la dénomination de *Providence Baptist Church*, nom que portent encore aujourd'hui les Baptistes de Monrovia. Leur temple actuel fut construit dans la capitale de Libéria vers la fin de 1825. Depuis cette époque jusqu'à nos jours la secte est allée en progressant, quant au nombre de ses églises et de ses membres, sans qu'on puisse en dire autant de l'instruction religieuse et intellectuelle.

En 1835, se forma à Monrovia la première association baptiste. Ses membres étaient alors, dans la colonie, au nombre de 230, partagés entre 4 ou 5 églises. En 1878, où ils se sont déclarés indépendants de leur centre religieux des Etats-Unis, ils avaient 23 églises dans la

République. En 1881, ils en comptaient 26 et 1,051 membres ; en 1882, il y avait 1,928 *communicants* et 24 ministres. Vers la fin de 1883, l'église baptiste de Monrovia, par l'organe de son premier chef, se plaignit « de ses égarements et de son manque d'intérêt pour sa propre prospérité : « Ce qui, ajoutait le révérend président, prouvait trop clairement l'absence du Saint-Esprit, sans lequel elle ne peut rien faire. »

Dès 1823, les Méthodistes se trouvaient dans la colonie en même temps que les Baptistes, et déjà ils étaient divisés en deux sortes de sectes, the « *Méthodist episcopal church* » et the « *African méthodist épiscopal church* ». Bien qu'elles n'eussent qu'une même église, chacune d'elles avait cependant ses ministres et ses exercices religieux à part, et elles se séparèrent complètement dès l'année 1833, où le R. B. Cox fut envoyé d'Amérique à Libéria, pour donner à la secte « *Methodist épiscopal church* » sa forme régulière. La cause de cette séparation fut que les méthodistes épiscopaliens considéraient l'ordination du R. Charles Buttler, le fondateur, à Libéria, de l'église *Africaine méthodiste épiscopalienne*, comme irrégulière, n'ayant pas été faite selon les règles de leur secte. Le R. Charles Buttler semble avoir été ordonné par l'évêque Allen, qui fonda, en Amérique, l'église *Africaine méthodiste épiscopalienne*. — A partir de 1833, la nouvelle église *Africaine méthodiste épiscopalienne* fit de rapides progrès à Libéria, mais, en 1840, elle fut dissoute par la mort du R. Charles Buttler, et ses membres se réunirent, les uns aux Baptistes, les autres aux Presbytériens, et quelques-uns aux Méthodistes épiscopaliens. Cependant, en 1878, elle s'organisa de nouveau, et, deux années après, elle comptait 2 églises, 2 ministres et 135 membres. En 1837, les méthodistes épiscopaliens étaient au nombre de 578. En 1858, cette église, qui était jusqu'alors sous la juridiction d'un évêque résidant en Amérique, passa avec joie sous celle d'un *bishop*, citoyen de Libéria, le R. Francis Burns. Le nombre de ses adhérents était, en 1861, de 1,392 colons et de 72 indigènes, sous la direction de 8 ministres. En 1881, il y avait 2,044 membres et 58 ministres, 28 églises, 33 sunday schools (écoles du dimanche), 237 maîtres d'école, et 1,443 écoliers de tout âge ; l'année suivante, on comptait 25 ministres ordonnés, avec ministres non ordonnés, 10 assistants, 3 prêcheurs et 2,200 membres. On assure que, de 1833 à 1880, 4 millions de francs ont été dépensés par cette secte pour son travail d'évangélisation.

Une troisième branche de Méthodistes prit naissance à Libéria en 1878, c'est « l'*African Zion methodist épiscopal church* ». Elle y fut organisée par le R. Andreu Cartwright, venu dans le pays en 1876. Cette secte compta tout de suite 50 membres. En 1880, elle avait deux églises, 4 ministres et 99 membres.

Le méthodisme se distingue des autres sectes par son enthousiasme religieux. Il admet, comme point de doctrine, l'inspiration directe et immédiate du Saint-Esprit sur chacun de ses membres, soit pour l'interprétation de l'Écriture, soit même pour l'assurance du pardon des péchés. Pendant une certaine période de jours, spécialement consacrés au jeûne et à la prière, et appelés *revivals*, ils se livrent, jusque dans les rues, à toutes sortes de mouvements étranges, comme des énergumènes ; ils poussent des cris déchirants, frappent des pieds et des mains, entrent dans les maisons, et, à l'église, interrompent le prédicateur, soit par de bruyantes exclamations, soit par des sanglots, soit même par le récit de leurs actions les plus secrètes. On les voit aussi parfois escalader les bancs de l'église, et monter en chaire, pour y prendre la place du prédicateur. C'est alors qu'ils se croient mus par l'esprit saint, et qu'ils reçoivent le prétendu pardon de leurs fautes. Par suite de cette assurance, certaines âmes prétendent même être devenues impeccables.

Parmi les méthodistes, beaucoup ne croient pas à cette prétendue action ou inspiration directe du Saint-Esprit ;

beaucoup d'autres en doutent, et parmi ceux qui y ajoutent foi, il en est plus d'un qui regrette les graves abus auxquels tout cela donne naturellement lieu.

De toutes les sectes protestantes américaines, celle qui a eu le plus de difficultés à surmonter et de sacrifices à faire pour s'établir à Libéria, comme d'ailleurs en général sur tout le littéral africain, est celle des Presbytériens; elle compte aussi le moins de membres. Elle fut introduite par le R. J. B. Pinney, député sur la côte d'Afrique en 1833 par la société presbytérienne d'Amérique. Tout me porte à croire que ce fut lui qui fit construire, en 1834, à Monrovia, la première église presbytérienne. En 1842, les presbytériens fondèrent d'autres stations le long de la côte, comme à Settakron et au Gabon. Leur caractère est pacifique, et contraste beaucoup, sous ce rapport, avec celui des méthodistes. Ils ont même une certaine modestie, qu'on ne trouve pas parmi les autres sectes.

Quant aux épiscopaliens, leur principal centre, à Libéria se trouve dans la région du cap des Palmes, où fut envoyé d'Amérique, en 1836, le premier missionnaire épiscopalien, le R. Thomas Savage. Dès 1837, il y arrivait un évêque, le Rév. Payne, qui, en 1861, avait à Libéria juridiction sur 4 ministres blancs, 8 de couleur et 250 adeptes. Cette secte se fait, dit-on, remarquer, parmi les autres, par son zèle et ses succès auprès des natifs. Leur église actuelle de Monrovia fut achevée en 1861 et 1862. En 1878, un désaccord s'éleva entre les principaux ministres de cette secte et leur évêque, Clifton Pénick, lequel, finalement, jugea à propos d'aller chercher un autre poste aux États-Unis. On vient de lui donner un successeur dans la personne du R. Samuel D. Ferguson, ordonné à New-York comme soi-disant évêque de Libéria, le 24 juin de cette année. Les Episcopaliens, en 1879, étaient au nombre de 300. En 1882, ils comptaient 31 pasteurs et assistants, et 361 membres. Ils aiment à considérer leur secte comme une branche de l'Eglise catholique; et c'est sans doute pour ce motif qu'ils se croient plus orthodoxes que les membres des autres sectes libériennes.

Enfin, pour en finir avec ces différentes sectes, les Luthériens de Suisse furent appelés à Libéria, par Ashmun, en 1825 et 27, mais ils n'y firent leur première apparition qu'en 1830. Les fièvres d'Afrique furent leurs plus grands ennemis. Ils s'établirent d'abord à Grand-Bassa, et actuellement on les rencontre sur quelques autres points de la République.

II. *Education ou Ecoles*. — A Libéria, plus que partout ailleurs, peut-être, la question de l'Éducatoin a donné lieu à des écrits et à des discours, à des comités d'instruction publique, à des essais répétés de systèmes nouveaux à établir dans les écoles, etc. Mais quel fut le résultat final de tout cela? Ici les faits se chargent de répondre.

1° Sur tous les points de la République où les différentes sectes protestantes se sont établies, elles ont fondé des écoles. C'est ainsi qu'en 1843, outre les Sunday Schools, les Méthodistes comptaient 14 écoles avec 281 élèves. Les Baptistes instruisaient 350 écoliers, et le nombre des écoles des Episcopaliens, ainsi que des Presbytériens, s'élevait au chiffre de 40, avec 1200 enfants. Depuis cette période, les missions protestantes, non contentes de leurs écoles ordinaires et de leurs sunday schools, ont établi, chacune, deux ou trois écoles supérieures, où l'objet de l'enseignement est d'un ordre plus élevé ; ce sont les High Schools. On vit donc s'élever successivement : au cap des Palmes, la Bohlen training School, sur le bord de la rivière Cavalla ; dans cette même région, la Mt Vaugan School et la T. R. High School ; à Harper, le Hoffman Institute; dans la capitale, le M. E. Seminary, la Monrovia Academy; le Days Hope Seminary, le Baptist training School ; dans la Virginie, la Vhite Plains Female Academy ; dans la rivière Saint-Paul. l'Alexander High School.

Ce qui fait, au total, 10 écoles supérieures, fondées et entretenues par les différentes communautés protestantes de Libéria, ou plutôt par les diverses sociétés bibliques d'Amérique. Or, depuis 1873, une seule de ces écoles est restée debout, c'est l'Alexander High School, et elle aussi semble suivre la même route que les neuf autres! Cependant, dans ces dernières années, les Episcopaliens ont établi une nouvelle école de ce genre au cap Mount; on la dit assez prospère. De leur côté, les Méthodistes épiscopaliens font présentement réparer leur séminaire à Monrovia. Depuis 1850 qu'il existe, s'il est ouvert de nouveau, ce sera pour la troisième fois. Cette secte, qui fait tant de bruit, a dernièrement fermé ses écoles primaires, si je puis ainsi les appeler, et n'a plus que ses Sunday schools. Les Baptistes, avant de faire fonctionner leurs écoles populaires, seraient, paraît-il, à la recherche d'un système à la fois plus efficace et plus facile pour inculquer aux enfants les vrais principes de la doctrine baptiste!

La décadence des maisons d'enseignement, que les ministres protestants devraient cependant avoir à cœur d'établir et de mettre sur un meilleur pied que par le passé, est un fait. Et de là résulte, qu'à part deux ou trois établissements, l'éducation est, actuellement, fort négligée dans la République africaine.

2° A côté des écoles des missions protestantes, il en existe quelques autres, en petit nombre, entretenues par la société de colonisation d'Amérique. Elles sont dans un état assez satisfaisant; mais peut-être se ressentent-elles d'un manque de contrôle sérieux. Les matières qu'on y enseigne sont encore élémentaires.

3° Viennent, en troisième lieu, les écoles du gouvernement qui méritent une attention particulière, à cause de leur institution et de leur entretien par l'Etat.

Depuis les premières années de l'administration générale de la colonie par Ashmun, jusqu'à l'arrivée du premier gouverneur Buchanan, en 1839, l'éducation n'était encore que comme à l'état de tâtonnement, relativement au système à employer pour l'instruction des enfants. La méthode de

Lancastre, dite l'enseignement mutuel, fut acceptée dès 1826, et immédiatement introduite dans les écoles alors à la charge de la colonie; 227 enfants les fréquentaient. Elles étaient soutenues, partie par le Trésor public, partie par des souscriptions volontaires des colons. Un impôt de deux dollars avait, en outre, été imposé à chaque propriétaire pour cette même fin. En 1828, les résultats obtenus par ces écoles, au nombre de six, furent trouvés bien maigres, et l'on en rendit responsables ceux-là mêmes qui avaient la charge de les diriger. Deux ans après, elles étaient dans un état déplorable, car, outre que les instituteurs intelligents faisaient défaut, les ressources pécuniaires n'étaient pas non plus suffisantes. Ce fut alors que les Sunday Schools furent établies dans toute la colonie.

Moyennant un nouvel impôt, prélevé pour leur soutien pendant trois années, l'éducation sembla reprendre vie. De nouvelles écoles furent même établies à Caldwell et à Millsbourg, et, entre autres, une classe pour les adultes, qui avait lieu tous les soirs. Malheureusement, les fonds destinés à l'entretien de ces établissements vinrent à tarir de nouveau, si bien qu'en 1834 l'administration coloniale se vit obligée de les fermer. Ouvertes derechef en 1835, les écoles continuèrent à languir, par suite notamment de l'incapacité des maîtres et des maîtresses. Cependant, en 1839, grâce à l'heureuse impulsion donnée à l'enseignement public par le gouverneur Buchanan, les écoles déjà existantes prirent un nouvel essor, et, dans sa première réunion, présidée par le gouverneur de la colonie, la Chambre législative ordonna qu'une école publique fût établie dans chaque ville et village de la colonie. Cet ordre fut mis à exécution, de telle sorte que, en 1847, les colons, dans l'acte de la déclaration de leur indépendance, purent dire avec vérité : « Nos nombreuses écoles, qui sont bien fréquentées, témoignent de nos efforts et de notre zèle pour le progrès intellectuel de nos enfants. » C'est aussi à partir de cette dernière période de la colonie, et depuis 1847 jusqu'en 1860 environ, que furent établies et devinrent prospères les dix écoles supérieures des missions protestantes dont nous avons déjà parlé.

En résumé, depuis 1839, et pendant une période de vingt années environ, l'éducation, à Libéria, fut relativement florissante, et promettait le plus bel avenir, au grand avantage de la République. Mais malheureusement, sur ce point comme sur bien d'autres, l'expérience nécessaire a fait défaut aux Libériens, pour donner à l'enseignement l'extension qu'il comportait. Il eût fallu, pour cela, établir une institution où la jeunesse, au sortir des hautes écoles, aurait pu aller achever et compléter le genre spécial d'études particulièrement embrassé par elle. C'est à quoi les Libériens crurent pourvoir par la fondation du collège actuel.

Pendant que se formait en Amérique (19 mars 1850) un comité pour subvenir aux frais de l'éducation à Libéria, et dont la fin était l'établissement dudit collège, la législature libérienne promit, de son côté (26 décembre de cette même année), de prendre sous sa protection cette entreprise, pour laquelle 30 acres de terre furent donnés par le gouvernement. Par suite, toutefois, de vives contestations au sujet du choix de son emplacement, la pose de la première pierre de l'édifice n'eut lieu que le 25 janvier 1858.

Achevé en 1861, le collège inaugura ses cours le 23 janvier 1862. Et son premier programme, alors solennellement annoncé, ne fut mis à exécution qu'en 1863, à cause de la non arrivée de deux professeurs d'Amérique.

Voici maintenant un échantillon des résultats obtenus :

« Depuis 1863 jusqu'à 1870, dit Pinney, député par les Etats-Unis pour s'informer de la situation du collège, j'ai trouvé les noms de 53 jeunes gens inscrits sur le registre matricule. De ces 53 collégiens, 9 seulement ont été gradués; 16 sont morts, 29 ont abandonné le collège. » Or, actuellement, 18 élèves seulement fréquentent les cours, et la moitié ne sont encore qu'au cours préparatoire. Il n'y a plus de professeurs de langues étrangères, et celui de philosophie et de théologie vient d'être congédié.

Quant aux causes de la non réussite du collège de Libéria, il n'est pas nécessaire de les chercher bien loin. Son programme d'enseignement, d'abord, n'était nullement à la portée des jeunes gens de Libéria, pas même des plus forts élèves sortant des hautes écoles des missions protestantes. Aussi le président placé à la tête de ce collège, en 1881, déclara-t-il que désormais on suivrait un autre système d'études plus à la portée des élèves.

A cette première cause, il faut ajouter l'insouciance des Libériens pour ce qu'on appelle l'éducation. C'est le reproche qui leur était adressé dès le commencement de la colonie. « Les Libériens, écrivait, en 1830, un ministre protestant, n'ont pas compris jusqu'à présent la grande importance de l'éducation de leurs enfants, pour se rendre utiles plus tard et capables de se gouverner eux-mêmes; leur soudaine élévation a produit en eux un esprit d'insouciance, de mépris et d'extravagance (*sic*), qui est loin d'être favorable à l'intérêt religieux et moral de leur pays. »

En 1881, le journal de Libéria, l'*Observer*, faisait remarquer avec raison que tous les citoyens appelés à gouverner le pays devaient être des hommes instruits, « mais, ajoutait-il, il existe ici une grande disposition à déprécier l'éducation. »

Après le collège, viennent les écoles communales, établies et soutenues par le gouvernement dans les 4 comtés, au nombre de 15 à 20. Dans son message de l'an dernier, le Président en parlait ainsi : « Des plaintes ont été faites au sujet des instituteurs et institutrices de nos écoles; j'ai déjà fait remarquer, lors de mon installation, que l'on ne devait pas s'attendre à la nomination de bons instituteurs pour les écoles, vu le modique salaire que le gouvernement est en état de leur attribuer. Le seul moyen que je voie pour remédier à cet inconvénient, c'est que les habitants de chaque ville se cotisent entre eux, pour suppléer à l'insuffisance du gouvernement. »

De tout ce qui précède résulte donc manifestement, que la question si importante de l'éducation semble reléguée au dernier plan à Libéria. C'est une lacune regrettable, dont les funestes effets commencent à se faire sentir. Il est temps, ce semble, de remédier à un état de choses aussi déplorable. Et, à ce point de vue, la divine Providence semble avoir accordé un grand bienfait au pays, en y permettant l'établissement de la Mission catholique. Car son but, précisément, est d'y soulager toutes les misères, tant physiques qu'intellectuelles et morales; et cela, par des écoles pour les deux sexes, par des maisons professionnelles, ainsi que par des hôpitaux, soit sur le littoral, soit surtout dans l'intérieur de la République africaine.

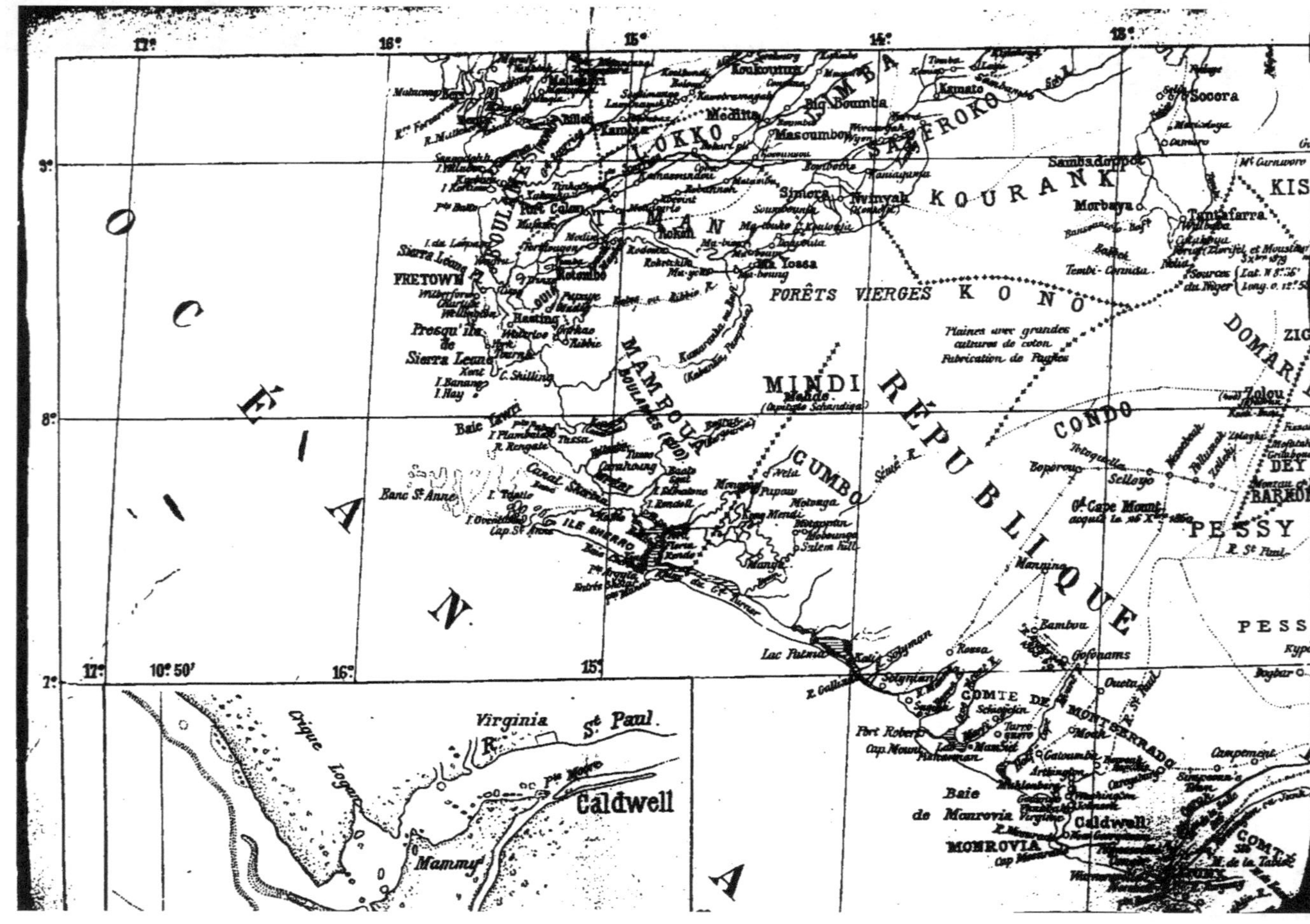
OCÉAN
A
RÉPUBLIQUE
MINDI
KOURANK
KONO
FORÊTS VIERGES
CONDO
PESSY
CUMBO
MAMBOUA
LOKKO
FRETOWN
Presqu'île de Sierra Leone
Baie de Monrovia
MONROVIA
Caldwell
Virginia
St Paul
Mammy
Crique Logan
COMTE DE MONTSERRADO
Lac Pateen
Banc St Anne
Sambadoppor
Socora
Tantafarra
Morbaya
Big Boumba
Medina
Masoumbo
DEY
Cape Mount
Plaines avec grandes cultures de coton
Fabrication de Pagnes
Sources du Niger
Port Robert
Cap Mount

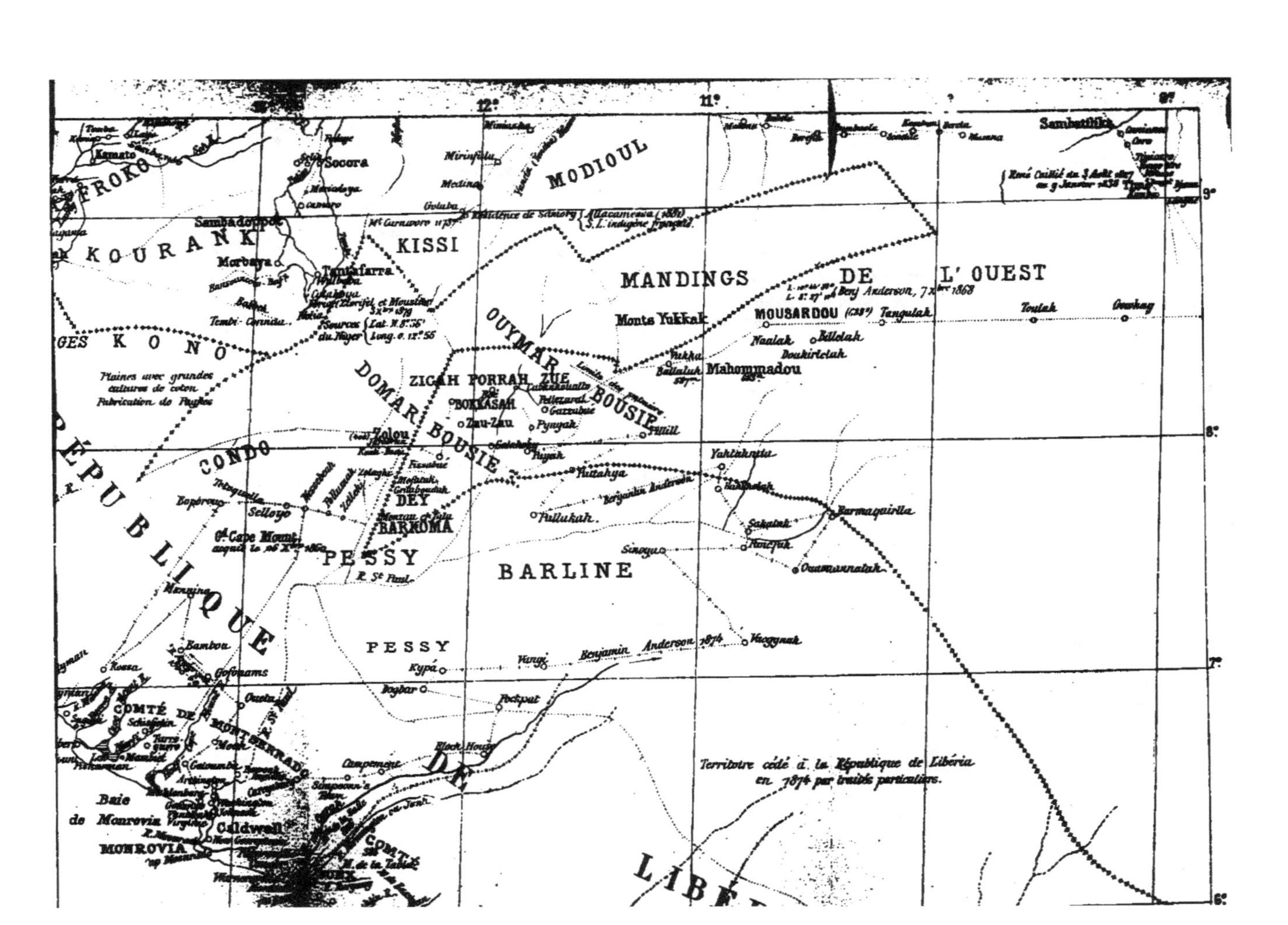
12°
11°
9°
8°
7°
6°
FROKO
KOURANK
KONO
Socora
Sambadoppo
Tantafarra
KISSI
MODIOUL
MANDINGS
DE
L' OUEST
Allacameaia (1881)
S. L. indigène français
Sources du Niger
Lat. N. 8°36'
Long. O. 12°56
Plaines avec grandes cultures de coton
Fabrication de Pagnes
OUYMAR
BOUSIE
ZIGAH PORRAH ZUE
BOKKASAH
Zau-Zau
DOMAR BOUSIE
Zolou
Monte Yukkak
MOUSARDOU
Tangulah
Toulah
Ouwhay
Mahommadou
Benj Anderson, 7 Xbre 1868
Sambatifila
René Caillié au 3 Août 1827 au 9 Janvier 1828
CONDO
DEY
BARKOMA
PESSY
BARLINE
Barmaquirlla
Benjamin Anderson 1874
RÉPUBLIQUE
Territoire cédé à la République de Libéria en 1874 par traités particuliers.
COMTÉ DE MONTSERRADO
Caldwell
Baie de Monrovia
MONROVIA
Kypa
Bogbar
Bamboo
Gofonams
Pessy
Fort Cape Mount
Zellogo
Pullukah
Yuttahya
Sinoqua
Ouamannalah
R. St Paul
LIBERIA

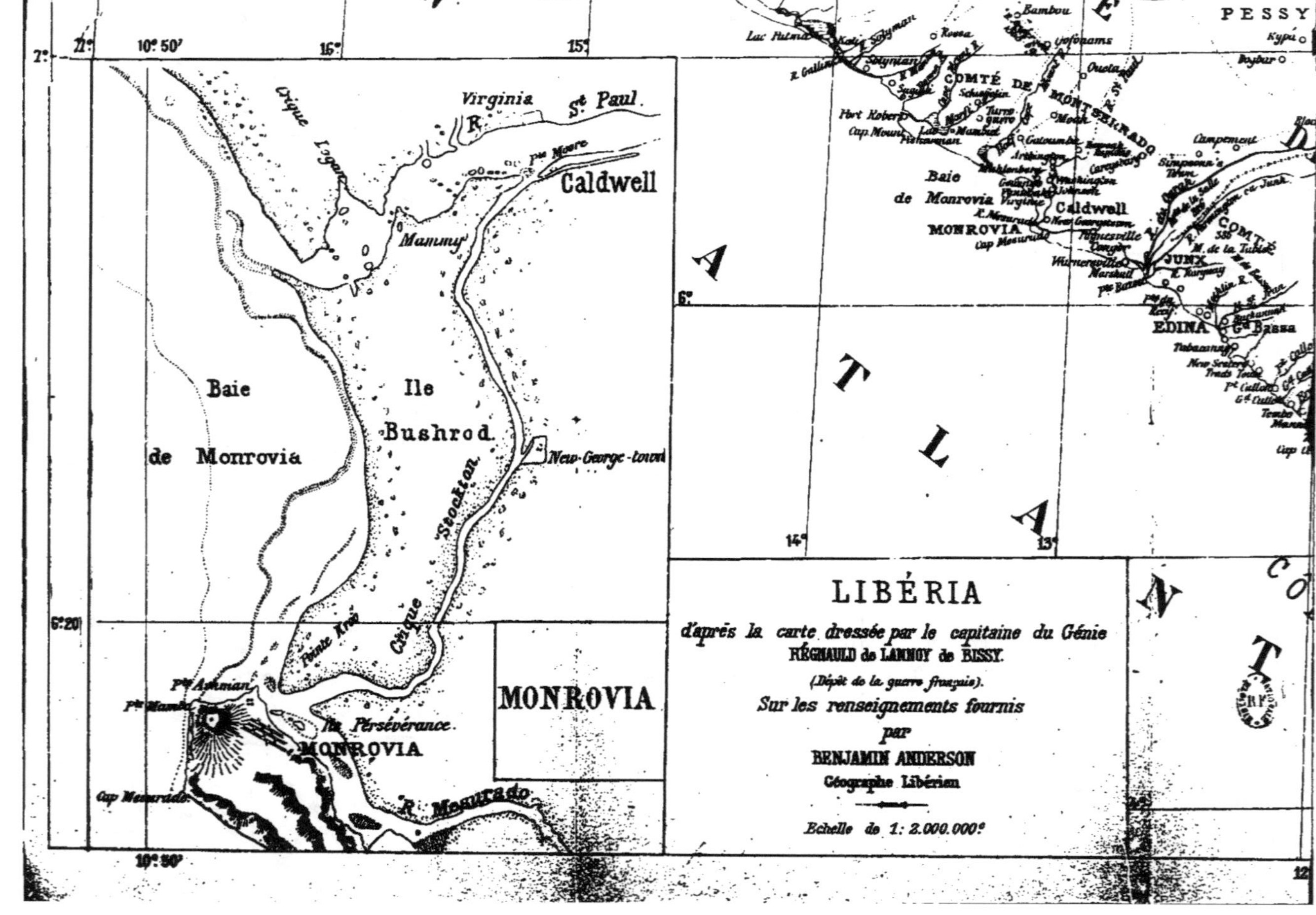

LIBÉRIA
d'après la carte dressée par le capitaine du Génie
RÉGNAULD de LANNOY de BISSY.
(Dépôt de la guerre français).
Sur les renseignements fournis
par
BENJAMIN ANDERSON
Géographe Libérien
Echelle de 1: 2.000.000e
MONROVIA
Baie
de Monrovia
Ile
Bushrod
Crique Stockton
Crique Logan
Virginia
R. St Paul
Caldwell
Mammy
New-George-town
Pointe Kroo
Ile Persévérance
MONROVIA
R. Mesurado
Cap Mesurado
Pte Ashmian
PESSY
COMTÉ DE MONTSERRADO
Caldwell
JUNK
EDINA
Gd Bassa
Campement
A T L A N T

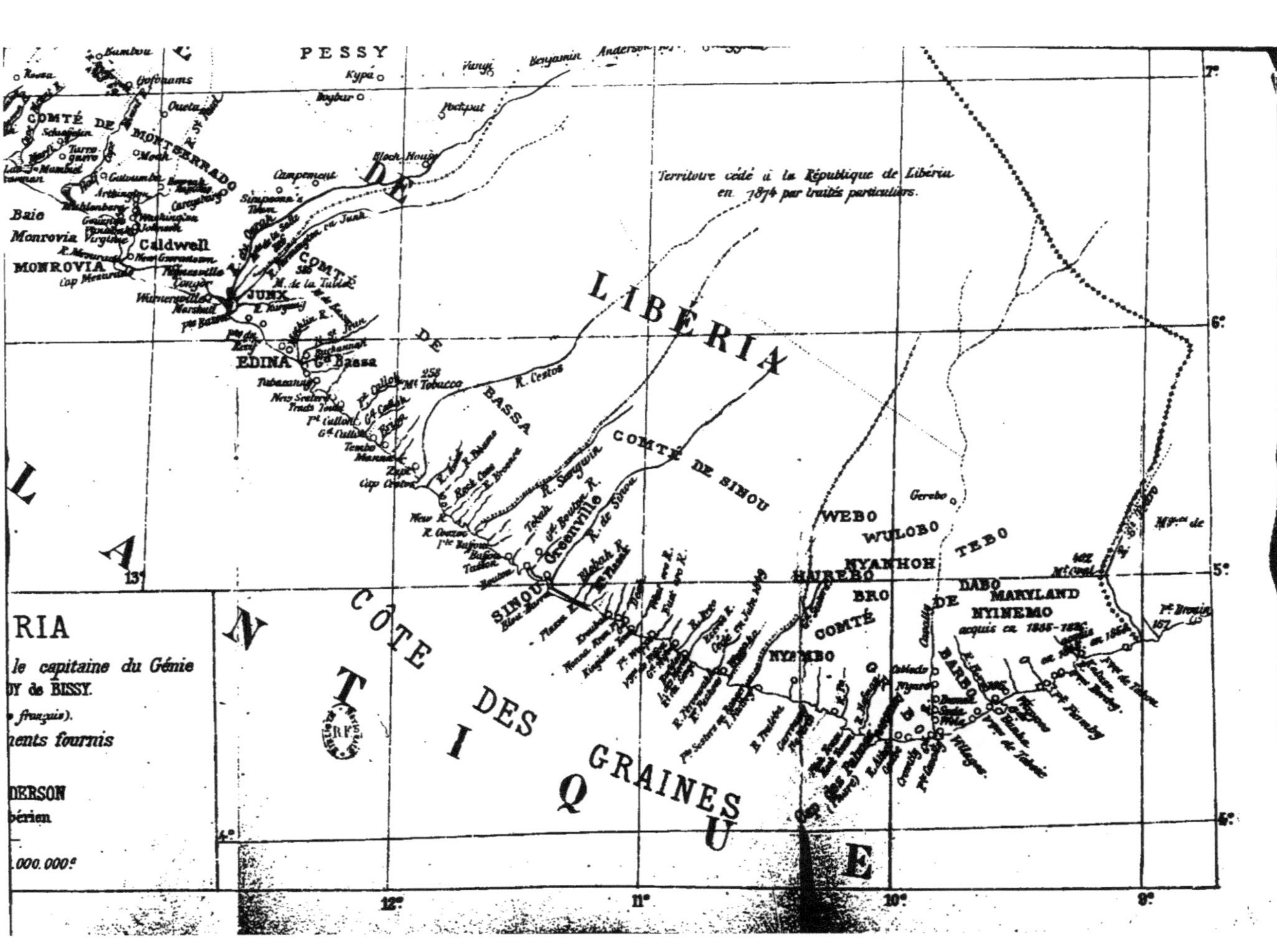
PESSY
COMTÉ DE MONTSERRADO
Baie
Monrovia
MONROVIA
Cap Mesurado
Caldwell
COMTÉ
DE
LIBERIA
Territoire cédé à la République de Libéria
en 1874 par traités particuliers.
EDINA
Gd Bassa
Mt Tobacco
R. Cestos
BASSA
Cap Croton
COMTÉ DE SINOU
Greenville
SINOU
WEBO
WULOBO
TEBO
NYANHOH
HAIREBO
BRO
DABO
MARYLAND
DE
NYINEMO
COMTÉ
NYAMBO
BARBO
Gerebo
CÔTE DES GRAINES
A T L A N T I Q U E
RIA
le capitaine du Génie
de BISSY
français).
nents fournis
DERSON
bérien
.000.000e
13°
12°
11°
10°
8°
7°
6°
5°
4°

CONCLUSION

Mais, comme il se conçoit, l'exécution d'une aussi vaste entreprise ne peut avoir lieu, d'une manière sérieuse, qu'à l'aide de secours proportionnés à son importance et à ses difficultés. Que peut faire, dans ce but, la République de Libéria? Au plus, concéder les terrains nécessaires aux œuvres de la Mission, et ce sera là un bienfait qui lui assurera à jamais la reconnaissance des missionnaires. Mais où prendre les fonds nécessaires pour les constructions, ainsi que pour l'entretien des professeurs et des maîtres? Tout naturellement nos regards et nos espérances se tournent vers la France, qui, non seulement envoie ses missionnaires sur toutes les côtes d'Afrique, mais encore, par les œuvres admirables de la Propagation de la Foi et de la Sainte Enfance, les encourage et les seconde si puissamment dans leurs pénibles travaux.

L'Amérique est, à proprement parler, la mère et le berceau de l'Etat libérien. Elle ne sera donc pas non plus la dernière, parmi les grandes nations, à vouloir, dans sa générosité bien connue, mettre comme la dernière main à cette fondation qui lui a déjà coûté si cher. Nous croyons, en particulier, pouvoir compter sur la Société de colonisation d'Amérique, qui a conçu et réalisé, au prix de tant de sacrifices, le projet de cette intéressante colonie, aujourd'hui le seul Etat Noir libre et indépendant parmi les tribus sauvages du continent africain!

Les secours demandés sont aussi urgents qu'ils sont nécessaires. Dès ce moment, en effet, la Mission se trouve en présence de dépenses considérables à faire : 1° pour l'agrandissement de notre école de garçons, pour laquelle aussi un second professeur va devenir indispensable; 2° pour l'établissement d'écoles de jeunes filles tenues par des religieuses, selon le vœu général de la population; 3° pour la construction d'une église à Monrovia même, et d'une chapelle à Krootown; 4° pour la création, au haut de la rivière Saint-Paul, d'une école professionnelle, dont nous tenons déjà le terrain de la bienveillance particulière de Son Excellence le Président.

Un hôpital aussi serait bien nécessaire, en faveur surtout des indigènes. Ce serait là un des moyens les plus efficaces pour resserrer les liens qui doivent réunir les colons et les natifs dans un même sentiment de nationalité, sans parler du bienfait inappréciable du salut de leurs âmes, qu'il serait alors bien plus facile d'atteindre et de ramener à Dieu.

Puisse la réalisation de nos vœux, sur ces objets si importants, faire bientôt entrer la République de Libéria dans la voie du progrès véritable, selon les désirs les plus ardents du Saint-Siège, qui a confié cette mission si intéressante au zèle de l'Institut.

Paris. — Alcan-Lévy, imp. brev., 24, rue Chauchat.

www.ingramcontent.com/pod-product-compliance
Lightning Source LLC
LaVergne TN
LVHW020419230826
846091LV00004B/1325

9782016161289